多様性を活かす
ダイバーシティ経営

荒金 雅子／著

基礎編

日本規格協会

はじめに

筆者がダイバーシティという言葉と最初に出会ったのは１９９６年の夏、当時勤務していた働く女性を支援するＮＰＯ法人の一員として、女性活躍の現状を視察するために渡米し、多くの企業が「ダイバーシティ」に取り組んでいることを知りました。「多様な社員の能力を最大限に引き出し組織の成長に活かす」、「違いがあるからこそ、それが競争優位につながる」、「違いを力に変えた企業だけが生き残る」と、確信をもって語る役員たちの姿に強い衝撃を受けました。これこそが今後の日本企業に不可欠な考え方であると確信し、以来ダイバーシティを普及するために尽力してきました。

現在ではダイバーシティという言葉は広く知られるようになり、推進に取り組む企業も増えています。グローバル化への対応やイノベーションを生み出す組織の重要性が高まるほどに、ダイバーシティへの関心も高まっています。折しも政府は「女性の活躍促進による経済活性化」を「日本再生戦略」の重点施策として位置づけ、その中心的課題である女性活躍についてこれまで以上に力を入れようとしています。確かに、女性活躍は多様性を活かすための試金石と言えます。しかし、「ダイバーシティ推進＝女性活躍」と両者を同義のものとしてとらえてしまうとダイバーシティの本質を見誤ることになり、望む結果を生み出すことはできません。ダイバーシティ推進の真の目的は「個」のもつ力を最大限に引き出し、その相乗効果やそこから生まれる活力を組織の成果につなげていくことです。ダイバーシティは、経営戦略の中に位置づけることではじめてその効果を発揮するのです。

筆者自身も、ダイバーシティを活かした経営とは何か、どのようにすれば経営にインパクトを与え、なおかつそこで働く個々人の成長につながるのか、ということを長年模索してきました。本書は、組織のダイバーシティ推進を支援してきた立場から、ダイバーシティ経営の本質的な意義とその重要性、効果的な進め方を伝えたいという思いをもって執筆したものです。

本書は、2巻構成になっています。第1巻である基礎編では、ダイバーシティの変遷や概論を述べ、ダイバーシティ推進の現状や属性ごとの課題、成功・失敗例などを交えながら推進のポイントをお伝えします。第2巻は実践編とし、ダイバーシティの具体的な導入プロセスから実際に行うべき施策や職場で展開するうえでの留意点など、実践的な手法や考え方を紹介します。

本書出版にあたってご協力いただいた、多くの方々に御礼申し上げます。

グローバルインパクト代表パートナーの船川淳志氏には、ダイバーシティを活かすうえで柔軟で論理的な思考力や対人力が不可欠であること、広い視野と高い視座のもとに学び続ける姿勢こそが重要であることを教えていただきました。また、ダイバーシティと女性のリーダーシップ開発を推進するNPO法人GEWEL前代表理事で現セルフ・エスティーム研究所代表理事堀井紀壬子氏、同じく前副代表理事、現アドバイザーでA to Z Sado Enterprises Ltd.代表の佐渡アン氏、そして米国・ロサンゼルスに拠点を置くGlobal Organization for Leadership and Diversity（GOLD）代表の建部博子氏にはことのほか厚く感謝申し上げます。両組織は、ダイバーシティの認知度を高め、企業・組織への普及・浸透を進めるために積極的に活動してきました。筆者はその活動にかかわらせていただく中で御三方の熱意と行動力に常に刺激を受け、多くの示唆と勇気をいただきました。

また、ダイバーシティ推進を始めたばかりの頃に出会った、米国の著名なダイバーシティコンサルタントの言葉は今でも忘れられません。

「ダイバーシティは終わりのない旅。それを続ける覚悟がありますか」

その言葉を聞いたとき、「日本中の組織の隅々までダイバーシティの理念が浸透し、多様な人々の力を活かすことで個人と組織が共に成長する社会を実現するまで、この取組みを続けていく。それが自分の使命なのだ」と強く心に誓ったのでした。

本書が、ダイバーシティを活かし個人と組織の持続的な成長につなげたいと願うすべての方々の一助になれば幸いです。

2013年7月

荒金　雅子

目　次

第2章 ダイバーシティの現状と課題

第3章　属性ごとの特徴と課題を考える

第4章　経営戦略としてのダイバーシティ

第5章　ダイバーシティを効果的に進めるために

第1章　ダイバーシティ概論

1・1　ダイバーシティとは

（1）違いを受容・尊重し活かすこと

ダイバーシティ（Diversity）は直訳すると「多様性」といい、広義の意味においては、多様な人々が共存・共生できる社会を創造するという理念を表す言葉です。

現在ビジネスの現場において、このダイバーシティへの関心が急速に高まっています。

組織の中の多様性は多方面にわたって存在しています。個人を見ると、性別や年齢、国籍、障害の有無といった目に見える違いだけでなく、宗教や慣習、価値観、考え方、性格など目に見えない違いもあります。一方、組織の仕組みとして見ると、短時間勤務やフレックスタイム制といった働き方や正規・非正規という雇用形態の違いなどがあり、ダイバーシティは組織の様々なレベルで存在しています。私たちの組織は多様性にあふれているのです。そして、それは時間の流れや環境の変化によっても変わってきます。

組織の中のダイバーシティをどのようにとらえ、どう活かしていくのか。それはこれからの組織の成長・発展を考えるうえで非常に重要なことです。にもかかわらず、日本の多くの組織は、長い間このような多様性をマネジメントすることに消極的であり対処療法的に取り組んできました。違いは面倒くさい、ややこしいものとして無視したり排除したり特別扱いをしたり、と多様性を活かそうという価値観とは無縁でした。しかし、組織の中の多様性はますます複雑さを増し、もはや無視できないほど大きな存在になっています。多様な状態のまま放置したり、間違った対処をすると様々な問題が生じてきます。多様性を活用しないことは、社会や組織に大きな損失を与えるところまで来ているのです。だからこそ、その違いを受容し、尊重することが重要なのです。

（2）ダイバーシティ経営とは

日本企業が本格的にダイバーシティを経営課題として意識するようになったのは、2000年に入ってからのことです。旧日経連（現日本経団連）は2000年に「ダイバーシティ・ワークルール研究会」を立ち上げ、2002年にその報告書を発表しています。報告書では、ダイバーシティを次のように定義しています[1]。

> 異なる属性（性別、年齢、国籍など）や従来から企業内や日本社会において主流をなしてきたものと異なる発想や価値を認め、それらを活かすことで、ビジネス環境の変化に迅速かつ柔軟に対応し利益の拡大につなげようとする経営戦略。また、

そのために、異なる属性、異なる発想や価値の活用をはかる人事システムの構築に向けて連続的かつ積極的に企業が取り組むこと。

これをきっかけに、激変するビジネス環境に対応するには、ダイバーシティが不可欠であるという認識に立った取組みがスタートしました。

異文化経営の専門家である桜美林大学教授の馬越恵美子氏は、ダイバーシティ経営に基づくダイバーシティ・マネジメントの特徴について次のように述べています[2]。

①多様性が企業の売り上げや利益、社会的評価に貢献し、競争力の源泉になるという考えに基づいている。また、事業の成長そのものを促す機会としても認識されている

②個人、人間関係、組織といった三つのレベルを適応対象としており、男－女、上司－部下、正規－非正規といった分類のみならず、あらゆる組織文化がこのプロセスに位置づけられている

③多様性の意味を広く定義しており、個人の属性のみならず、個人間や集団間で違いを生み出す可能性のあるものすべての要素が考慮の対象となる

④ダイバーシティ・マネジメントそれ自体はプログラムではなく、プロセスとして位置

づけられている。実際の取組みのプロセスにおいて問題点や解決策が見いだされるため長期的な視点を重視している

ダイバーシティは競争力の源泉であり、組織が持続的に成長していくためのプロセスそのものなのです。ダイバーシティ経営とは、まさに社員の一人ひとりの違いを受容・尊重し、活かすことで組織の力に変え、成長・発展の原動力にしていくという考え方に基づいた経営手法であると言えるでしょう。

1・2　ダイバーシティの分類

ダイバーシティを理解するとき、その属性はいくつかの切り口で分類されます。ここでは、組織に大きな影響を与える二つの分類を紹介します。

(1) 人権尊重の視点から

一つめは「変えられる・変えられない」という分類です(図1・1)。性別や年齢、人種、身体的特徴、性的指向、出身地等はもって生まれたものであり、自分の意思では変えられない、もしくは変えることが困難なものです。一方、ライフスタイルや居住地域、

所属組織、趣味、未・既婚といった属性は自分の意思で変えることが可能なものと言えるでしょう。ダイバーシティを考えるうえで重要なポイントは、この違いを隔てる境界線をどのようにとらえているか、というところにあります。例えば女性である、障害者であるといったことは、その人を構成する一部にすぎません。しかし、社会の中ではしばしばその一つの要素でしか相手を見ようとせず、時にその人のトータルな人としての能力や個性を無視したり、人格を傷つけてしまうことがあります。一人の人のもつ多様性をたった一つの属性、しかも自分の意思では変えられない、もしくは変えること

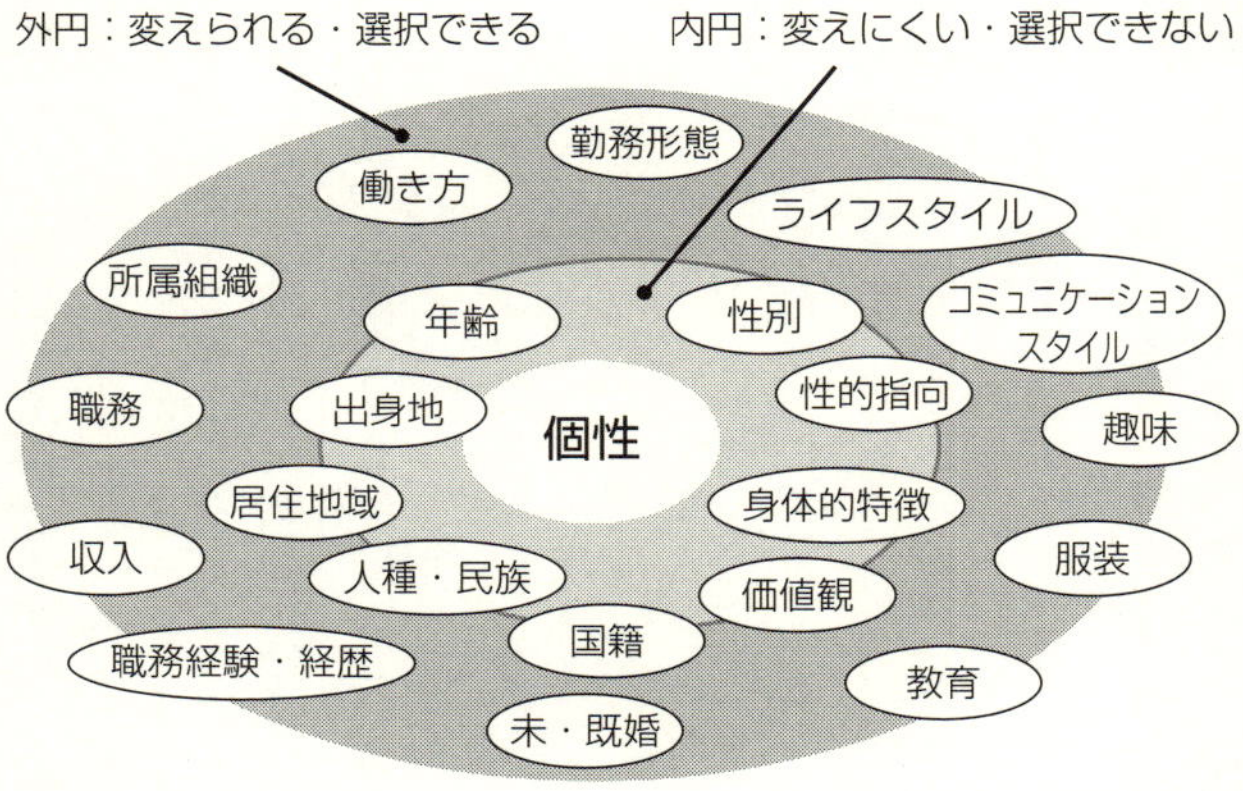

図 1.1　変えられるもの・変えられないもの

［森田ゆり「多様性トレーニング・ガイド―人権啓発参加型学習の理論と実践」（2000，部落解放人権研究所）p.13 の図を元に筆者が作成］

が困難な属性にのみ焦点を当てて人を見てしまうと、相手を間違って理解してしまうことになりかねません。人はその価値においてみな平等であり、皆違うただ一人の人であるからこそ尊い存在なのです。

変えられる・変えられない（変えにくい）という属性に焦点を当てることは、それぞれの生まれもった個性（その人を構成するあらゆる要素）を区別、差別の対象とせず、尊重し、その力を発揮できる環境をつくることに他なりません。

（2）組織マネジメントの視点から

二つめは「表層的か深層的か」という分類です（図1・2）。表層的なダイバーシティは、性別、年齢、人種、身体的特徴など外見で識別できるものをいいます。深層的なダイバーシティは、職歴、スキル、パーソナリティ、考え方、価値観、仕事観、文化的背景といったその人の内側にあるもので、外見だけでは判断しにくいものです。その違いがすぐに見えやすい、理解しやすい表層的なダイバーシティに比べ、深層的なダイバーシティは一見同じに見えても、その内面や属性には大きな違いがあり、それが問題を複雑にする要因ともなっています。例えば、同じ男性であっても、定年後の高齢者や現役世代、若手とではかなり価値観が違っていたり、「イクメン」や「カジダン」と呼ばれる男性たちのように積極的に家事・育児に参画し、仕事中心の働き方とは一線を画す男性も増えています。また、働き方（在宅勤務、短時間勤務、フレックスタイム制など）や雇用形態（正社員・契約・派遣、パート・アルバイト等）などによっても望む働き方やモチベーションの源泉は異なるところがあります。このような個々人の違いを理解せずに一律にマネジメントをしてもうまくいきません。

組織マネジメントの視点から、表層的、深層的という分類でダイバーシティを考えるならば、表面に現れ

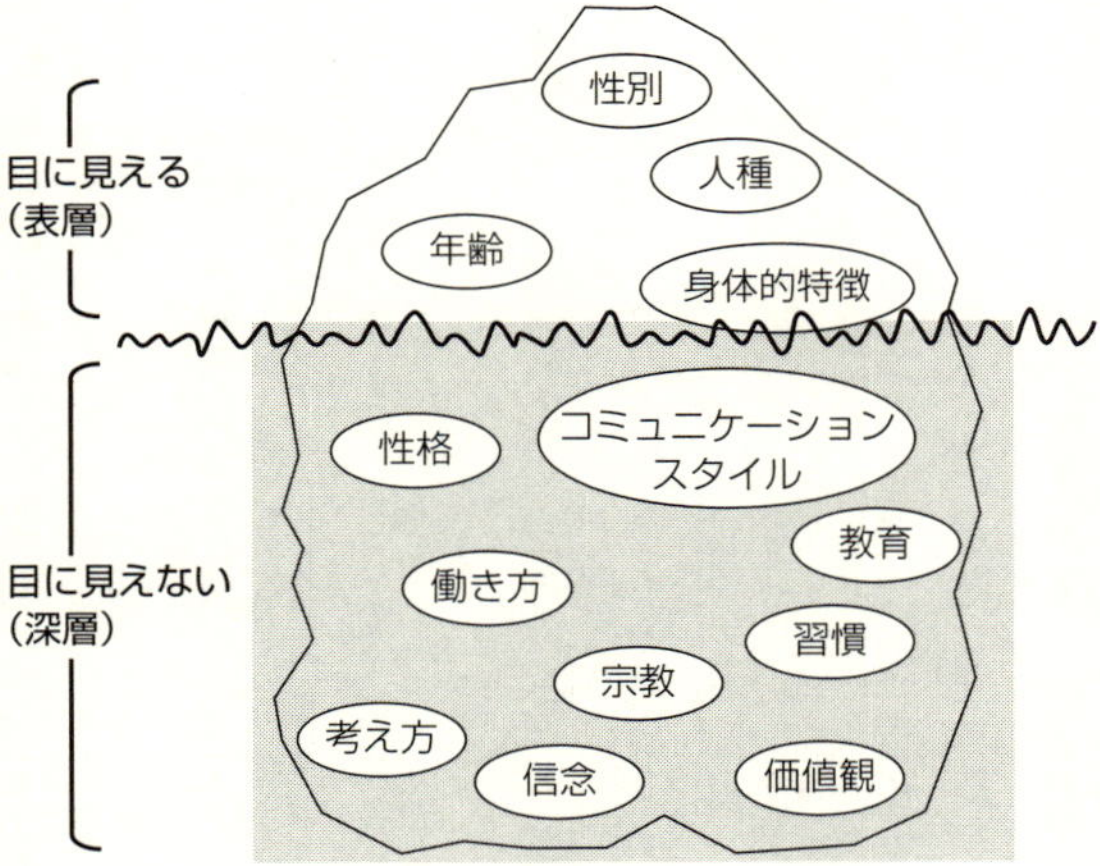

図 1.2　表層・深層

［谷口真美「ダイバーシティ・マネジメント—多様性をいかす組織」（2005，白桃書房）p.44 の図を元に筆者が作成］

にくく理解するのに時間のかかる深層のダイバーシティをどう活かしていくか、ということが大きな課題となります。

（3）「違い」はその人らしさとして活かされる強み

このように、一人の人間はある一面だけで語ることができないほどの多様な属性を既にもっています。その多様性は他の誰でもない「その人らしく」あるための重要な要素です。

組織の中にはあらゆる階層、レベルでダイバーシティが存在しています。このように見ていくと、ダイバーシティは私たちにとって非常に身近な問題であり、誰か特定の人々だけの問題であったり、特定の企業だけが取り組むものではないということが理解できるでしょう。

一人ひとりの違いを尊重しながら、組織の合意をつくり出すには時間がかかります。それぞれの立場や考え方、価値観の違い、利害関係などがぶつかり合うことで、時には激しい対立が起こったりします。またお互いに遠慮しすぎたり配慮をしすぎることで、なかなか物事が決まらないということも起こりがちです。そのため、効率性や生産性を重視する組織は同一性を追求し、違いを排除しようとします。しかし、効率を追い求めた先に必ず成果があるとは限らないのが今という時代です。多様性こそが、組織に新しい価値を生み出す源泉でもあり、その対立を超えることで組織に一体感と強い推進力が生まれます。ダイバーシティは、解決すべき「問題」ではなく活かされるべき「強み」なのです。組織が取り組むうえで大切なことは、一人ひとりの「個性」を活かすことで、どのような価値が組織に生まれるかを理解し、戦略を立て、多様性を新たな競争優位に位置づけることです。

これからの時代を生き抜くヒントは、このダイバーシティをいかにうまく組織経営に取り入れていくかにかかっていると言っても過言ではありません。

1・3　ダイバーシティに関心が集まる背景

(1) 労働人口の減少による人材の量的・質的な不足

ダイバーシティに関心が集まる背景には、何といっても少子高齢社会の進展による労働人口の減少という問題があります。このことは十分理解している方も多いでしょう。しかし、データを見ていくといかに大変な状況が迫りつつあるか改めて気づかされます。

２０１２年の合計特殊出生率は１・４１と16年ぶりに１・４％台を回復しましたが、人口を維持するのに必要な２・０８には遠く及びません（図１・３）。また出生数は過去最少となり、依然として人口減少状態は続いています。平成25年版「少子化対策白書」では、50年後（２０６０年）の我が国の人口は、１億人を大きく下回る８，６７４万人になるだろうと予測しています。

さらに15歳から64歳の労働力人口は１９９８年から減少に転じており、労働政策・研修研究機構の推計では、２０３０年の労働力人口は、２０１０年の労働力人口６，６３２万人と比較して９５４万人減少すると見込まれています。

労働人口の減少によって私たちはどのような選択を迫られているのでしょうか。端的に言えば、これまで我が国の企業を支えてきた「日本人男性」だけではもはや立ちゆかないということでしょう。地方の中小企業等では従来から人材不足や後継者不足は大きな問題となっていましたが、ここに来てますます深刻になっています。大企業でも優秀な人材の獲得競争が激化しつつあります。

また、重厚長大産業による大量生産大量消費の時代には労働力の確保が一番の課題でしたが、ＩＴ化やサービス化やソフト化が進み、ホワイトカラーの生産性が企業の競争

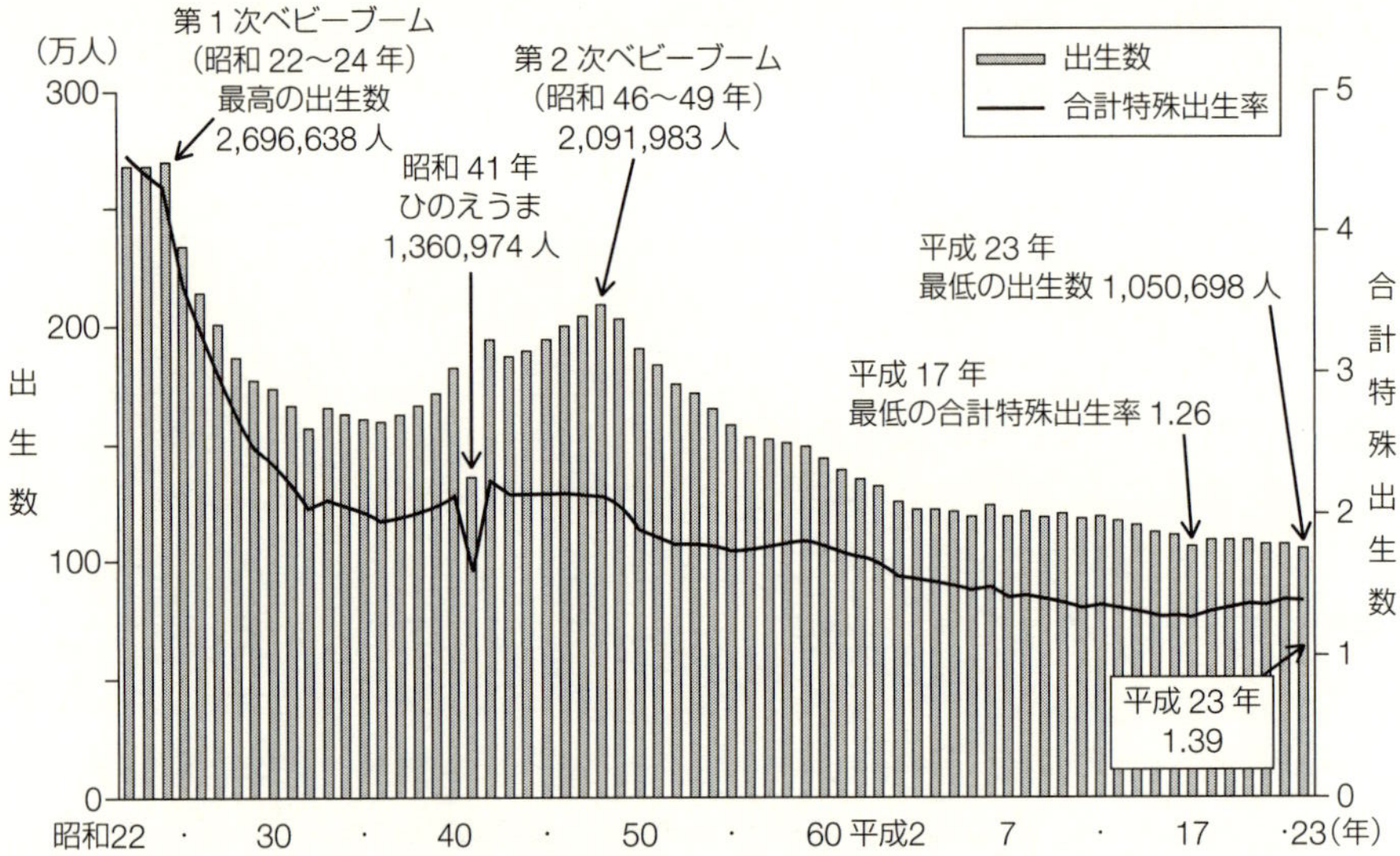

図 1.3　合計特殊出生率の年次推移

［出典：厚生労働省　平成23年人口動態統計月報年計］

力を左右する現在では、創造やイノベーションを生み出すための人材が不可欠です。知識労働者の重要性はますます高まっています。単純に量的な労働力不足ということだけでなく、質的確保という面からも多様性はますます重要となっています。優秀な人材を求めて、外国人を採用したり、女性や若手社員、中途採用者を積極的に登用している企業もあります。組織の中でいまだ十分に活かされていない人材に目を向け、その力を活かすことは喫緊の課題と言えるでしょう。

(2) 働く側の意識や価値観の変化への対応

働く側にも意識や価値観の変化が起こっています。特にバブル崩壊後の長引く不況の中で、若い世代を中心に労働に対する考え方は大きく変化しています。組織への帰属意識は薄れ、滅私奉公的な働き方に疑問を抱き、起業やＮＰＯ・ＮＧＯ等の社会貢献活動に高い関心をもつ人も出てきています。また、雇用労働者に占める女性の比率は4割を超え、勤続年数は年々長くなっています。「女性は職場の花。腰掛け仕事で結婚したら退職するのが当たり前」という時代はとうに終わりを告げ、仕事でしっかり力を発揮したいと考える女性は確実に増えています。同時に、結婚・出産後も働き続ける女性も増加し、1997年以降は一貫して共働き世帯が専業主婦世帯を上回るようになりました（図1・4）。共

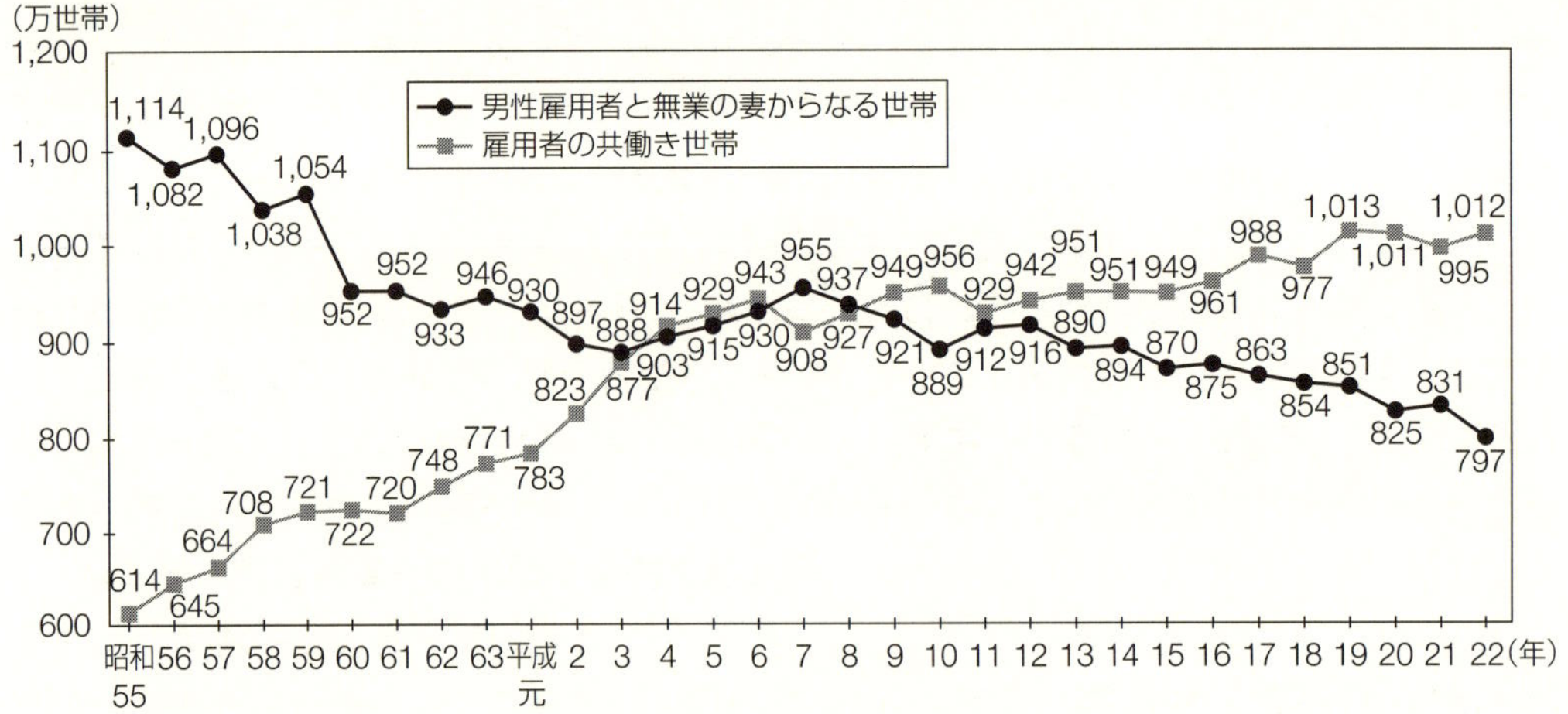

図 1.4　共働き世帯数の推移

（備考）1. 昭和 55 年から平成 13 年総務省「労働力調査特別調査」(各年 2 月．但し昭和 55 年から 57 年は各年 3 月)，14 年以降は「労働力調査（詳細集計)」(年平均）より作成.
2. 「男性雇用者と無業の妻からなる世帯」とは，夫が非農林業雇用者で，妻が非就業者（非労働力人口及び完全失業者）の世帯.
3. 「雇用者の共働き世帯」とは，夫婦ともに非農林業雇用者の世帯.

［出典：男女共同参画白書　平成 23 年版］

働き世帯の増加は、家事・育児にかかわりたい・かかわらざるを得ない男性の増加にもつながっています。

このようなことから、ワークライフバランス（仕事と家庭の調和）を重視したいと考える人や、報酬や肩書きにこだわらず、やりがいのある仕事を求めて組織を飛び出す人など、働く側の就業観は多様化してきました。

企業は、このような新たな価値観やライフスタイルを無視することはできなくなっています。多様なニーズに柔軟に対応していくことが、個々人の組織への貢献意欲や強い信頼関係、ひいては定着を生み出すことにつながっていくと考えられます。

（3）市場や顧客の多様化とグローバル化への対応

組織を取り巻く経営環境の劇的な変化も見逃せません。

中でも市場や顧客の多様化、グローバル化への対応はダイバーシティが求められる最も大きな要因です。

顧客や市場のニーズが多様化する中、その変化にきめ細かく対応し、あるいは変化を先取りしながら新たな価値を提供していくためには、多様性を意識せざるを得ないのです。また急速に進むグローバル化とダイバーシティは密接な関係があります。国内市場の成熟や飽和により日本企業が海外に市場を求めたり、逆に海外企業が日本国内に参入するなど、闘うべき競合も協業する相手もグローバルな広がりを見せています。サプライチェーン（原料の段階から製品やサービスが消費者の手に届くまでの全プロセスのつながり）を例にとっても、原材料の調達や生産・物流・販売に至る一連のプロセスにおいて海外とのつながりは不可欠となっています。同質性の高い均質なメンバーだけで構成された組織は、このように複雑化する状況への柔軟な対応や状況に応じての意思決定に遅れが出てしまいかねません。

グローバル人材の育成というと、すぐに英語力の強化のみがクローズアップされがちですが、本当に必要なことは、様々な人を受け入れるコミュニケーション能力や、従来の規範に縛られない自由な発想・アイデアを生み出す知見や多彩な経験をもつ人材を育成することです。グローバル化する組織には、世界中の多種多様な人材のもつ能力と知見を活かし、共通の目的をもって成果を生み出していくダイバーシティ・マネジメント力が必要なのです。

このように、ダイバーシティに関心が集まる背景には、大きくは、労働力の減少と働く人々の価値観の変化という要因、そして市場や消費活動の質的変化とグローバル化という経営環境の変化という要因があります。もちろんこれ以外にも大小様々な要因がありますが、ダイバーシティは一過性のブームではなく、構造的に社会が変化していく中で出てきた大きな経営課題の一つです。しかしながら、ダイバーシティの本質的意義を理解していないために、推進のプロセスの過程で迷走してしまう組織も少なくありません。業種や業界においても対応は様々です。次に企業・組織がどのようにダイバーシティにアプローチをしているのかを見ていきましょう。

1・4　ダイバーシティ浸透のプロセス

企業・組織は、実際にダイバーシティに対してどのように行動するのでしょうか。早稲田大学大学院教授の谷口真美氏は、ダイバーシティに対する企業行動を四つのステージに分類しています[3]（図1・5）。これは、自社におけるダイバーシティの進捗・浸透度合いを測るうえで非常に参考になる考え方です。具体的にその特徴を見ていきましょう。

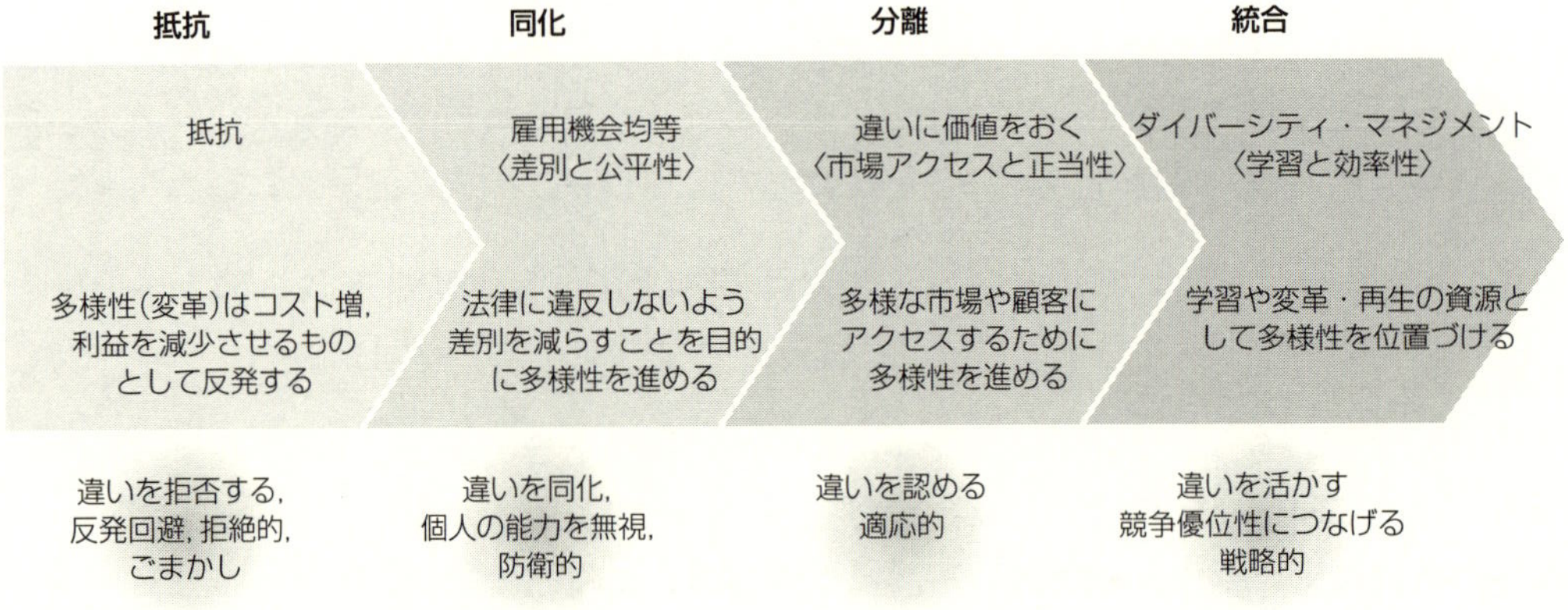

図 1.5　ダイバーシティに対する四つのステージ

［谷口真美「ダイバーシティ・マネジメント—多様性をいかす組織」(2005, 白桃書房) p.265 の図を元に筆者が作成］

（１）第１ステージ　抵抗　拒絶的反応

第１ステージの「抵抗」とは、拒絶的反応を示す状態です。多様性が非常に少ないか、旧態依然とした体質をもつ企業に多く見られます。社内外に発信する文書にはダイバーシティや多様性という言葉は一切見当たらず、多様性を尊重することに反発や抵抗、あるいは存在そのものを否定・拒否する姿勢をとります。性別や年齢差はもちろん、個人のもつ「違い」はほとんど無視され、それに対して何のアクションも起こしません。例えば、女性や障害者が非常に少ない組織であれば、そのような社員が使いやすいように、施設や設備を改修するなど各種制度を整えようという発想はまずありません。またそのような整備はコスト増につながると消極的です。さらにマネジメントの負担が増えるため自部署への配置をいやがるといった抵抗も見られます。多様性は「リスクであり利益を減少させるもの」としてとらえられ、そこに何のメリットも感じていない状態であると言えます。ダイバーシティに対してマイナスのイメージが強いため、先行する投資コストの負担やマネジメントの複雑性に二の足を踏んでしまう傾向にあり、たとえ取り組んでいても経営戦略としての位置づけがあいまいで、名目だけの対処療法的な施策しか行われません。そのため行動が成果に結びつかず、恩恵を十分に感じられないまま、結果的に単発的な取組みに終わってしまう、という悪循環につながっていくのです。

(2) 第2ステージ　同化　防衛的反応

第2ステージの「同化」とは、防衛的反応を意味します。組織の中の多様性に気づいてはいますが、それを活かすという発想にはほど遠い状態です。むしろその違いは不公平や差別の根拠になると考え、法律に違反しないよう差別を減らし違いをなくすことを目的にしています。そのため「法令遵守」がダイバーシティに取り組む大きな動機となります。

男女雇用機会均等法施行時に、大企業の多くが採用したコース別人事制度はまさにこの典型と考えられ、採用する女性を「総合職」と「一般職」に分け、総合職には残業・転勤・長時間労働ありの男性なみの働き方を求めて「同化」させようとしました。「法律があるから、仕方がないからやる」という姿勢では、彼女たちの力を十分活かせるはずもなく、多くの総合職女性が数年で退職するという結果となりました。さらにこのような組織は、数を増やすことのみを重視して、個々の違いを無視し、既存の組織文化に無理に従わせようとしすぎる傾向があります。そのために、多様性そのものは増えてもそれが経営成果につながることはありません。結果として、少数派の社員の意欲やモチベーションは低下することになります。

(3) 第3ステージ　分離　適応的反応

第3ステージは「分離」です。組織はもはや多様な人材なしには成り立たなくなっていることに気づき、ここに来てようやくダイバーシティのプラスの効果を認め、違いを活かそうという方向に向かいます。多様な人が働きやすい仕組みや制度をつくり、CSRレポートや社内のイントラネット、広報誌など、社内外にダイバーシティ推進に関する情報を発信するようになります。ダイバーシティ推進は企業イメージを高めることにつながると考え始めた段階です。

多様な市場や顧客に対応するために多様性を活かすことは合理的であると考え、積極的に対応しようとします。例えば、女性には女性に向いた仕事に、外国人には外国人に向いた仕事についてもらうというように、ある意味適材適所に配属することはよく見られるケースです。また、マーケティングや商品開発のように多様性が成果に結びつきやすい部署では、多様性は歓迎される傾向にあります。

このような状態は、一見するとそれぞれが持ち場を守り、自分の役割をしっかりこなしうまくいっているように見えます。例えて言うなら、ジグソーパズルのピースがぴったり収まった状態です。組織が安定していてあまり変化がないときは機能する可能性があります。

しかし、この状態には二つの落とし穴がありま す。一つは現在のように変化が激しく、組織の形や姿も大きく変わらざるを得なくなっている時代に、属性ごとに向いた仕事を固定してしまうと、次々と起こる変化に組織や個人が柔軟に対応できなくなってしまうことです。二つめは、結局のところ一つの属性でしかその人を評価・判断しないため、個人の特性を無視することになってしまうことです。筆者が手がけたある企業の管理職研修でのこと、「女性には女性に向いた仕事があるか」という問いにほぼ全員が手を挙げました（ちなみに全員男性）。「どんな仕事ですか？」と尋ねると「秘書とか、総務とか。」という答えが返ってきま

す。そこで「では、御社の秘書課長はどなたでしょうか？」と問うと「男性」と言うのです。その会社ではこれまで女性の秘書課長は今まで一度も誕生したことがない、とのことでした。「女性に秘書は向いているが、課長は無理」と考えている上司のもとで働く女性たちの中には、「個として活かされていない」とか「将来のキャリアパスが描きにくい」など、閉塞感や無力感をもつ人も多いことでしょう。分離状態の組織にはこのようなことがしばしば見られます。

（４）第４ステージ　統合　戦略的対応

ダイバーシティ経営で最終的に目指すべきは第４ステージの「統合」でしょう。ここでは、違いを活かし、競争優位につなげるという戦略的対応に基づいてダイバーシティに取り組んでいます。

ダイバーシティに非常に大きな価値を見いだし、多様性を受容しマネジメントすることが組織に大きな利益を生み出すという信念のもとにダイバーシティが組織全体に組み込まれており、人の多様性だけでなく業務プロセスやシステム、組織風土そのものがダイバーシティの観点で常に見直されています。組織と個人の信頼関係は厚く、オープンな議論が交わされています。例えば社内プロジェクトなどは意識的に多様な人材で構成されており、会議などの席で、若手や雇用形態の違う社員も自由に発言できる雰囲気があります。また当事者が自分たちの問題を主体的に考え提案する仕組みがあるなど、個々の違いから多くのことを学び、組織の仕組みづくりに活かしていくことで、そのメリットを最大限に享受しようという風土が醸成されています。つまり、ダイバーシティは組織の学習や再生の資源としてなくてはならないものであり、組織を変革し常に成長させるためのパワーとして活かされているのです。

1・5　ダイバーシティ導入の意義

(1)「守り」から「攻め」のダイバーシティへ

ダイバーシティ浸透のプロセスを別の角度から見ると、その取組み姿勢は「守り」と「攻め」の二つに分類することができます。

「抵抗」や「同化」では、ダイバーシティを否定的にとらえています。法令遵守のためであったり、雇用差別防止、セクシュアル・ハラスメント、パワーハラスメント防止などのリスク回避など組織内の危機管理として行われることが多く、いわば「守りのダイバーシティ」と言えます。そのためダイバーシティの効果を感じることはほとんどありません。過去の成功体験によってもたらされた現状肯定感や変化への抵抗感が根強く組織の中にはびこっているため、内部から変えるのは非常にエネルギーを必要とします。この状態から次のステージに移行するためには、法制度の強化、事業環境の激しい変化や経営の悪化、M＆Aなど何らかの外部要因が必要となります。また、他社のベストプラクティス（好事例）なども刺激要因となるでしょう。外部の働きかけが企業の中に「気づき」を生むのであり、この「気づき」こそが次のステップに進む重要なキーワードとなります。

「分離」、「統合」の段階に入るとダイバーシティはより肯定的にとらえられるようになります。ダイバーシティの効果を実感し、より活かそうとする取組みは「攻めのダイバーシティ」と言えます。「分離」状態では、人材の多様性を適応的に活かすことに注力し、必要な人材を適切に配置し、働きやすさを確保することで労働意欲を高め、生産性の向上につなげようと試みます。企業の社会的貢献やイメージ向上にも敏感になり、ダイバーシティの効果をある程度、理解・評価しています。一方で、「分離」状態は、一定の成果が出ていたり、うまく機能している（と思っている）ためにそれ以上の変革を求める意欲が経営層にも社員にも乏しいという特徴があります。「分離」状態は結局のところ、短期的かつ限定的な成果しかもたらさないのです。この状態から「統合」に進むためには、経営層、特にトップの強い意思が不可欠です。自社の経営環境とダイバーシティの関連性をしっかりと考え、組織を変革させるくらいの決意をもって臨まなければ「統合」は達成できません。「既にそこにあるダイバーシティをどのように活かせば、経営課題を解決できるか」という視点をもち、ダイバーシティを競争優位の源泉として位置づける必要があります。

また「統合」の状態に移行したからといって安心するわけにはいきません。しばしば陥りがちなのは、期待する成果をあいまいなままにしたり評価の指標軸を明確にせず、手段が目的になってしまうことです。「統合」段階で最も重要なことは、ビジネスケースを明確にすることです。ビジネスケースとは、事業行動（ダイバーシティ推進）によってもたらされる結果を明確に伝えるものであり、意思決定や計画立案の際に用いられるツールを意味します。

ダイバーシティのもたらす成果（パフォーマンス）には、財務的基準［売上高・業績・ROE（株主資本利益率）等］と非財務的基準（社員のモチベーション・職務満足・採用・定着率等）があります。ダイバーシティが非財務的基準を向上させる効果があることは数値として表れやすく、評価項目として重宝されます。しかし、重要なことは、それらのデータを財務的基準を上げるための要素として活かすことです。特に、非財務的基準の中に含まれる問題解決能力の向上や創造性の発揮といった、多様性があるからこそ磨かれる能力を高めることの重要性を認識する必要があります。そうでなければ、非財務的基準の中でも職務満足度や従業員満足度、定着率などの向上ばかりに熱心になってしまい、結果として本来の成果との結びつきが弱くなってしまいます。また、社員の自律意識が希薄になったり、組織内に不公平感、逆差別意識が生まれるなどのマイナス要因が顕在化することもあります。

「統合」の状態を維持し、高い成果を出し続けるためには、客観的なビジネスケースを用意することが不可欠です。また、トップのコミットメントに基づいた明確なビジョンに裏打ちされた戦略を遂行していくことが求められます。

（２）本気で取り組む組織だけがダイバーシティの恩恵を受ける

筆者はここ10年近くにわたり、様々な業種、業界においてダイバーシティや女性活躍・ワークライフバランス推進などにかかわってきました。ここ数年の傾向として感じることは、業種、業態、規模の違いを問わず、ダイバーシティに関心をもつ組織が増えてきたということです。もちろん、ダイバーシティを推進する組織の多くが外資系企業や大企業中心であることは否めません。しかし、地方都市の小さな企業であっても、国内のみを市場とする企業であっても、ダイバーシティを取り入れた経営を目指すところは確実に出てきています。トップの強い意志のもと、急速に「統合」に向けて歩みを進めているのです。ダイバーシティを意識せず、「抵抗」、「同化」にとどまったままの組織と、「分離」を目指して施策を展開したり、統合を意識した取組みを行う組織とでは、今後どんどんその差が開いていくことでしょう。

だからこそ強調したいのは、この取組みを一過性のものにしてはならないということです。ダイバーシティ戦略はすべての組織にとって不可欠なものであり、本質的には組織変革と同義のものであると考える必要があります。これまでの仕組みや制度を変えるとか整備するといった小手先の方法では到底うまくいきません。これまでの延長線上で考えることをやめ、新たな未来に向けたビジョンを構築することが重要です。また、過去の成功体験にとらわれず、一人ひとりのもつメンタルモデル（認知的枠組み）を問い直し、意識と行動の変容を迫ってこそ、初めて成果につながっていくのです。

ダイバーシティは解決すべき「問題」ではなく、活かされるべき「強み」であり、競争優位の源泉と考えることで、自組織でなすべきことが見えてくるでしょう。ダイバーシティ経営に本気で取り組む組織だけがその恩恵を受けることができるのです。

第2章　ダイバーシティの現状と課題

2・1　国としての取組み

（1）始まりは女性労働・男女共同参画から

我が国におけるダイバーシティの取組みは、女性活躍推進を中心に進んできました。1999年に男女共同参画社会基本法が施行され、この法律に格差是正を目的としたポジティブ・アクション（積極的格差是正措置）が明記されました。2003年には、内閣府男女共同参画推進本部で「女性のチャレンジ支援策の推進について」が定められ、社会のあらゆる分野で2020年までに指導的地位に女性が占める割合が、少なくとも30％程度になるようにと、「2020年30％」を目標としました。また1999年からは、女性の能力発揮を促進するための積極的な取組みや仕事と育児・介護との両立支援のための取組みを積極的に行う企業を表彰する「均等推進企業表彰」や「ファミリー・フレンドリー企業表彰」も開始されています（2007年に「均等・両立推進企業表彰」に統合）。

しかし、意思決定の場への女性の登用を促進するための強制力はなく、具体的な施策も示されなかったため、結果として数値目標の達成はほとんど絵に描いた餅となってしまいました。2005年に少子化対策として次世代育成支援対策推進法が施行されたこともあり、実際の企業行動は、両立支援を中心としたワークライフバランス（仕事と生活の調和：ＷＬＢ）に重点を置いたものになったのです。労働力不足という危機感から、主に労働力を確保する、定着させるということに力点が置かれ、働き続けるための施策に注力されました。その結果、両立支援のための制度はある程度整備され「働きやすさ」という点では改善されましたが、能力発揮や活躍推進という本来のダイバーシティ（多様性を活かす）の実現とはかけ離れたものになりました。

（２）国際的な批判の中で

先進国の中では異例とも言える日本の女性活躍度の低さは、国連を初めとした国際社会でもたびたび課題として取り上げられています。２０１２年に来日したＩＭＦ（国際通貨基金）のクリスティーヌ・ラガルド専務理事は、年次総会で「女性は日本の潜在力。働く女性を増やせば、日本経済がよくなる」と発言し、経済界に大きなインパクトを与えました。また、同年ロシア・サンプトペテルブルグで開催された「ＡＰＥＣ女性と経済フォーラム」において当時のヒラリー・クリントン米国務長官は、「女性の活躍がアジア太平洋地域の経済成長の鍵となる」とし、日本においては「女性の活躍を促進することによりＧＤＰを15％上昇させることができる」と言及しました。

このような状況の中、2010年12月に閣議決定された「第3次男女共同参画プラン」では、2003年に定めた「2020年30％」を改めて達成目標として掲げました。国はまず2015年までに10％程度の比率達成を目標としていますが、現実の数字との乖離は激しく、数年後に30％を達成するためには相当思い切った施策と行動が必要です。

(3) 日本再生の切り札という位置づけに

2011年、経済産業省は「企業活力とダイバーシティ推進に関する研究会」を立ち上げ、2012年3月に「ダイバーシティと女性活躍の推進―グローバル化時代の人材戦略」という報告書をまとめました。そして、この報告書を受け、2012年6月に「女性の活躍による経済活性化行動計画（働くなでしこ大作戦）」を打ち出しました。行動計画では、三つの柱として①男性の意識改革、②思い切ったポジティブ・アクション（積極的改善措置）、③公務員から率先して取り組む、というこれまでにない表現で強く組織の行動を促しています。

具体的な施策としては、女性の活躍促進の「見える化」総合プランの策定・推進や、女性の起業、創業促進、再就職支援、公務員男性を中心とした男性の家庭参加促進などがあります。具体的な事業として、①ダイバーシティ経営によって企業価値向上を果たした企業を表彰する「ダイバーシティ経営企業100選」（表2・1）、②東京証券取引所と共同で、女性社員を積極活用し、経営効率も高い企業を選定する「なでしこ銘柄」（表2・2）の公表などが既に開始されています。

このような内容は、これまでにも幾度となく議論され施策に盛り込まれてきたことですが、ここまで強い論調で具体的な行動変容を迫ったものはなく、それだけ国が本腰を入れてダイバーシティの推進に取り組む決意が感じられます。

表 2.1　ダイバーシティ経営　企業 100 選
（2012 年度表彰企業　43 社）

業種	受賞社数
建設業	2 社
製造業	23 社
情報通信業	4 社
卸・小売業	6 社
金融・保険業	2 社
学術・専門技術サービス	1 社
生活関連サービス・娯楽業	2 社
その他サービス業	3 社

注：「ダイバーシティ経営」とは，「多様な人材を活かし，その能力が最大限発揮できる機会を提供することで，イノベーションを生み出し，価値創造につなげている経営」をいう．経済産業省は今後 3 年間かけて，女性，外国人，高齢者，障害者等を含め，多様な人材を活用して，イノベーションの創出，生産性向上等の成果を上げている企業を表彰する．
［経済産業省 HP を元に筆者作成］

表 2.2　なでしこ銘柄選定企業（2012 年度　17 社）

銘柄コード	企業名	業種
1334	マルハニチロホールディングス	水産・農林業
1928	積水ハウス	建設業
2502	アサヒグループホールディングス	食料品
3402	東レ	繊維製品
4452	花王	化学
5110	住友ゴム工業	ゴム製品
5201	旭硝子	ガラス・土石製品
5471	大同特殊鋼	鉄鋼
5713	住友金属鉱山	非鉄金属
6367	ダイキン工業	機械
7201	日産自動車	輸送用機器
7731	ニコン	精密機器
9005	東京急行電鉄	陸運業
9433	KDDI	情報・通信業
8015	豊田通商	卸売業
9983	ファーストリテイリング	小売業
8316	三井住友フィナンシャルグループ	銀行業

注：経済産業省は，東京証券取引所と共同で，女性活躍推進に優れた上場企業を「なでしこ銘柄」として選定．選定方法は，①女性のキャリア支援と，②仕事と家庭の両立支援の二つの側面からスコアリングを行い，東証一部上場企業から約 70 社を選び，その中から財務面でのパフォーマンスもよい企業 17 社を選定．

［出典：経済産業省 HP
http://www.meti.go.jp/policy/economy/jinzai/diversity/nadeshiko.html］

（４）人権・福祉から雇用支援に広がる障害者のダイバーシティ

障害者のダイバーシティに関しては、福祉や人権の視点から進められてきました。ノーマライゼーション［すべての人が人間として普通の生活ができるよう共に暮らし、共に生きていくことを目指す社会がノーマル（正常）な社会であるという考え方］や、バリアフリー［障害のある人が日常生活をするうえで、妨げや障壁（バリア）になるものを取り除くという考え方］、ユニバーサルデザイン（年齢や性別、能力などにかかわらず、できる限りすべての人が利用できるように製品や建物、空間をデザインしようという考え方）などの考え方に基づき、健常者と障害者が共に暮らせる社会の実現を目指して取り組んでいます。

特に障害者雇用に関しては、障害者自律支援法（自立支援法）や障害者の雇用の促進等に関する法律（雇用促進法）を制定し、雇用促進が図られています。障害者の求職件数が年々増加する中、障害者雇用に対する企業の理解も進み、２０１２年現在で実雇用率は1.69％まで上がっています。しかし、その大半は身体障害者で占められているほか、その就労内容も限定的な場合が多く、福利厚生や法的な義務として取り組んでいる企業も少なくありません。２０１３年４月から障害者雇用の法定雇用率は15年ぶりに引き上げられ、1・8％から2％になりました。あわせて身体、知的障害に限られていた対象者が、そううつ病や統合失調症などの精神障害者にも広げられました。2002年からは精神障害の他、知的障害・発達障害など、特に認知機能やコミュニケーション能力に課題のある人々への就労支援として「職場適応援助者（ジョブコーチ）支援事業」が実施されています。ジョブコーチは、障害者が職場に適応できるよう支援を行うと同時に、事業主や従業員に対しては、障害者の職場適応に必要な助言を与えるなどのサポートを行います。

国の障害者雇用政策は、企業に雇用義務を課すという視点が強く、福祉政策的な色合いが強く残っています。ダイバーシティの一環として考えると、さらにもう一歩進んで、障害者を積極的に受け入れ活かすことが、企業や組織の成長戦略にもつながるという視点をもつことが重要となるでしょう。今後は、まだ十分理解が進んでいない精神障害者の就労支援や、障害者一人ひとりがその適性や状況に応じて、力を発揮できるような支援策をさらに講じていくことが必要です。

2・2　企業・組織の取組み

企業のダイバーシティ推進が女性活躍から始まったことは、既に触れてきました。ここでは、その取組みの変遷と近年の傾向について考えていきます。

（1）先行してスタートしたのは外資系企業

ダイバーシティの一環としての女性活躍推進に先陣を切って取り組んだのは、やはり外資系企業でした。外資系企業の特徴は、ダイバーシティを経営戦略として明確に位置づけている点です。

日本以外にもグローバル拠点をもつ外資系企業では、ダイバーシティの課題は「女性活躍」ではなく「人種や言葉、宗教の違い、さらにはライフスタイル、価値観、考え方等の多様性を尊重し、その違いを経営に活かすこと」にあります。しかし、日本を見ると、「人種や言葉、宗教の違い」はあまり問題になっておらず、女性社員の採用や昇格など、女性の活躍が際立って遅れている点が問題であることが明らかとなりました。そのため、外資系企業においても、ダイバーシティの取組みは女性活躍からスタートすることになったのです。

在日外資系企業の取組みは1990年代に入り本格化していきます。日本テキサス・インスルツメンツは、1994年に米国本社の意向を受け、女性社員の戦力化・活性化を推進するための検討委員会を設置し、1995年に「フィーメール・プログラム宣言」を発表しました。1997年からは女性リーダー育成のための「リーダー養成研修」をスタート、1998年には「フィーメール・プログラム」から「ダイバーシティ・プログラム」に名称変更しました。翌1999年「ダイバーシティ宣言」の発表をきっかけに、それまでトップダウンで行ってきた活動を、各組織ごとの自発的な活動へと広め浸透させていきました。

日本IBMは、グローバル拠点の中でも特に日本の課題は女性活用にあると分析し、1998年に「ジャパン・ウィメンズ・カウンシル（JWC）」を発足し活動を開始しました。P&Gジャパンでも1999年にダイバーシティ担当マネージャーを任命し、「ウィメン・サポート・ウィメンプログラム」をスタートしています。日本GEは、2001年に当時のジャック・ウェルチ前会長とジェフ・イメルト会長が来日した際に、両氏から激励を受けた13名の女性が中心となって「ウィメンズ・ネットワーク」を立ち上げました。ジョンソン・エンド・ジョンソンは、2004年に「ウィメンズ・リーダーシップ・イニシアティブ（WLI）」を設置（2007年にダイバーシティ&インクルージョンオフィスに移管）しました。

日本ヒューレッドパッカード（HP）では、基本理念である「HP Way」に基づき、女性活躍よりも早く障害者支援に取り組みました。2001年に立ち上げた障害者の職業開発プログラムを行うSEEDセンターは、2年間の職業訓練を行い要望に応じて他企業への就職支援も行う施設です。社員の多様性の中で、いち早く「障害者支援」を打ち出した同社の取組みは大いに注目されました。その後2005年に女性社員による社内ネットワークグループ「WAWJ（Women at Work Japan）」が立ち上げられ、女性活躍推進にも取り組んでいます。

外資系企業にとって「女性活躍推進」は、その先にある本来のダイバーシティ経営を早期に実現するための通過点として位置づけられていました。しかし、海外の拠点では女性活躍が進んでいる外資系企業でさえ、日本では女性活躍からスタートし、なかなか目指すゴールに到達することができていません。ここに日本におけるダイバーシティ推進の難しさが現れているとも言えそうです。

（2）本格的取組みは2005年前後から

一方、日本企業の中で最も早くダイバーシティを意識した女性活躍に取り組んだのは、松下電器産業（現パナソニック）でしょう。1999年にイコールパートナーシップ事業を開始し、厚生労働省より春木節子氏を均等雇用担当部長に招聘しました。2001年に社長直轄の「女性かがやき本部」を設置、2004年に「女性躍進本部」と名称変更しました。

2000年になると帝人、資生堂、ダイキン工業などが取組みを開始、その後2005年にかけて、損保ジャパン、日産自動車、東芝など、大手企業に次々と女性活躍推進組織が設置されていきます。2006年頃からは、名称を「多様性推進本部（パナソニック）」や「ダイバーシティ推進室（帝人）」、「ダイバーシティコミッティ（損保ジャパン）」などに変更・新設し、性別だけでなく年齢や外国籍などにも対象を広げる企業が増えてきました。2005年頃になると、三井物産、東京電力（いずれも「ダイバーシティ推進室」）のようにスタート時点からダイバーシティを冠に掲げる企業も出てきました。

2008年以降は、大手企業の多くが何らかの形で女性活躍やダイバーシティの専任・

兼任組織を立ち上げており、現在ではまったくこのテーマに取り組んでいない大企業の方が少数となっています。主なダイバーシティ・女性活躍推進企業の一覧を表2・3に示します。

（3）女性活躍から次のテーマへ広がるダイバーシティ

このように女性活躍推進を中心に進んできたダイバーシティへの取組みですが、2010年代に入りようやく次のステージへの移行が始まった感があります。従来の女性活躍推進のまま足踏みをしている企業やまだその入口にさえ到達していない企

表 2.3　主なダイバーシティ・女性活躍推進企業一覧

1994年	日本テキサスインスツルメンツ
1998年	日本IBM
1999年	松下電機（現パナソニック）
2000年	パナソニック，ダイキン工業，帝人，資生堂
2001年	ニチレイ
2002年	損保ジャパン
2003年	ジョンソン・エンド・ジョンソン
2004年	東芝，日産自動車，パナソニック電工（現パナソニック）
2005年	ソニー，シャープ，大和証券グループ，INAX（現LIXIL），ユニクロ，TOTO，三井物産
2006年	日立製作所，富士電機ホールディングス，東京電力，積水ハウス
2007年	アステラス製薬
2008年	富士通，NTTデータ
2010年	野村ホールディングス

業と、既に多様性の幅を広げ、本来のダイバーシティ経営へと踏み出した企業。ここに来てその違いが出始めています。

①女性活躍3・0から真のダイバーシティへ

最も大きな変化は、女性活躍の「活躍」の意味が変わってきたことでしょう。

これまで取組みの早い企業では、10年以上ダイバーシティ（女性活躍）に取り組んできたにもかかわらず、思ったほどには女性管理職は増えていません。これまで「女性活躍推進」に取り組みながらも、「女性管理職を増やすことが目的ではない」とか「数値目標は定めない」と主張する企業は少なくありませんでした。確かにこの点への取組みは数字を増やすためだけに熱心になるなど、手段が目的になってしまっては意味がありません。しかし、「女性活躍」を推進すれば、自分の能力をもっと発揮したい、管理職としてもっと会社に貢献したいと考える女性が増えてきて当然です。にもかかわらず、いっこうにその比率は増えていないのです。

その一方で、育児休業取得者や子育てによる時短勤務者は増加傾向にあります。

特に、育児中の短時間勤務制度の充実により、場合によっては長期にわたってこの制度を利用する女性社員も現れ始めています。短時間勤務者が増えてくると、短時間勤務中の仕事の割り振りやフルタイム勤務に復帰する際のキャリア形成が課題となってきます。また、部署内での業務の偏りが生じたり不公平感をもつ人が現れたりと、マネジメントの難しさも出てきます。このような問題が生じるのは、両立支援の観点だけで手厚い制度を整えてきた当然の結果とも言えます。今後、ワーキングマザーには、仕事と育児の両立へのケアとともに、長期的な視点をもってキャリアを考え活躍してほしいというメッセージを伝えることも必要でしょう。

リクルートワークス研究所「Works No.112」(2012年6月発行）は、「〝女活〟は第3フェーズへ」という特集を組んでいます。女活(女性活躍）1・0は、法の整備によって「女性に対する差別をなくす時代」、女活2・0は、ワークライフバランス施策を充実させ、「女性が働きやすい環境を整える」時代、そして女活3・0は、女性の能力を活かし「管理職として組織に貢献する」時代を意味します。ここで大事なのは、女性管理職を増やすことがイコール長時間労働に明け暮れる働き方をする女性を増やすことではないという点です。私たちは、管理職は長時間労働が当たり前という古いパラダイムからそろそろ解放されなければなりません。ダイバーシティは働き方の変革とも深くかかわっています。労働時間の長さではなく、成長しようという意欲をもって自己のスキルを磨きチャレンジし続ける女性に機会を与え、経験を積ませ、育成・支援する。それが本来のダイバーシティにおける女性活躍推進の姿でしょう。そのことに気づいた企業は、女活3・0の先を見据えて、人事制度や評価システムを再構築するなど新たな取組みを始めています。

②「若者vs.中高年」という世代間対立を超えて

そして見過ごせないのがエイジダイバーシティ、年齢の多様性です。若手社員とミドル層のコミュニケーションギャップはいつの時代にもあるものですが、近年は望むライフスタイルや価値観、考え方に大きな差があり断絶に近いギャップや戸惑いを感じる人も少なくないようです。彼/彼女たちのモチベーションアップや指導において、これまでのようなかかわり方が通用しないケースも多く見られます。特に、年功序列から成果主義に変わる中で、年下上司や年上部下といった関係も現実のものとなり、対応に悩む人も増えています。また、2013年4月からは、希望者全員を65歳まで雇用することを義務づけた改正高年齢者雇用安定法が施行され、高齢社員（シニア社員）の増加も見込まれます。年齢差によるギャップを「若者vs.中高年」という世代間対立というフレームでとらえるのではなく、「年齢の多様性をどうマネジメントするか」という視点でかかわることが求められているのです。

③グローバル人材不足への危機感

また、ここ数年ダイバーシティのテーマとしてクローズアップされているのは、グローバル化への対応でしょう。２０１１年度のパナソニックの新卒採用の８割は外国人でした。ユニクロも２０１２年度採用の８割が外国人、同時に社内での英語使用を進めています。楽天も２０１２年から英語の社内公用語化を始めています。ここまで極端ではなくとも、どの企業でもグローバル人材育成への関心は急速に高まっています。日立製作所は、「グローバル人財マネジメント戦略」を策定し、２０１１年にグローバル人財本部を設置しました。この戦略の特徴は、「日本＋海外」という発想から、日本を米州や欧州などと並ぶ一地域ととらえ、グローバル共通の人材マネジメントの仕組み・制度・ノウハウを構築することにあります。

グローバルダイバーシティの課題には二つの要素があります。一つは、日本人のグローバル化で、無意識にもっている日本中心の思考・行動スタイルを見直すとともに、マルチカルチュラルな視点をもった異文化コミュニケーション力の強化が求められます。二つめは、ダイバーシティ・マネジメント力の強化です。外国人社員の増加に伴う組織内の多様性の幅をどうコントロールし、組織理念の浸透やビジョンの方向性を一致させていくかが重要となります。

④広がる「ダイバーシティ」の領域

以上のように、近年のダイバーシティ・マネジメントの関心領域としては、「ジェンダー（女性）」、「エイジ（年齢）」、「グローバル（国際化への対応）」の三つが大きなテーマとなっています。また、これ以外にも「障害者雇用」、「雇用・就労形態の多様化」、「M＆A（合併・買収）・統合」、「ＬＧＢＴ（レズビアン・ゲイなどの性的少数者）」、「ライフスタイル・価値観の違い」などのキーワードに取り組む企業もあり、その領域は徐々に広がっています。

筆者は１９９９年にテキサス・インスツルメンツ（ＴＩ）の本社を訪問し、ダイバーシティ戦略について話を聞く機会がありました。同社では、ダイバーシティ対象を、ヒスパニックやアジア系、子育て中社員など、実に10以上のカテゴリーに分類し（２０１２年時点で29にまで広がっている）、それぞれに「initiative（イニシアティブ）」というプログラムを実施し、対象ごとの課題や取り組むべき施策を定めて実行していました。特徴的だったのは、「Diversity Network」というグラスルーツコミッティ（草の根委員会）を立ち上げ、当事者が自分たちの問題として課題や解決策について話し合い、それを経営陣に提案し実行していたことでした。当事者が主体的にかかわってこそ、実効性ある施策の実現につながっていくのです。ＴＩの例は、筆者が目の当たりにした一例ですが、このようなきめ細かなアプローチも含めて、今後企業が取り組むダイバーシティ施策はますます多面的、複合的に推進することが必要になってくるでしょう。

２・３　ダイバーシティとワークライフバランスの関係を整理する

ダイバーシティについて語るとき、ワークライフバランス（ＷＬＢ）との関係を整理しておく必要があります。ＷＬＢはダイバーシティ推進の中心的施策であるにもかかわらず、国の少子化対策の中で急速に広がったこともあり、いまだに「働く女性のための施策」と短絡的にとらえられることが少なくありません。そのため、仕事と家庭の両立支援や福利厚生施策のように狭い範疇でとらえられ、効果的に機能しているとは言いがたい面もあります。ここで、ダイバーシティとＷＬＢの関係を整理しておきます。

（１）ＷＬＢとは何か

個人にとってのＷＬＢは「仕事、家庭生活、地域生活、個人の自己啓発など、様々な活動について、自らが希望するバランスで展開できる状態」を実現することであり、企業や組織においては、「すべての従業員の私生活を尊重し支援することで、やりがいや意欲を生み出し組織の成長・発展につなげること」と考えることができます。ＷＬＢは「仕事の充実」と「それ以外の生活の充実」の好循環をもたらし、多様性に富んだ活力ある社会を創造する基盤として極めて重要なものです。組織がＷＬＢを推進する本質的な意義は、社員が仕事と私生活のバランスをとりながら、もてる能力を最大限に発揮するようサポートすることにありますが、現在問題になっているのは、両立支援制度の充実が最優先されたために、すべての社員のＷＬＢを支援する施策になっていない点です。ＷＬＢは、誰か特定の人だけを対象にしていたり、特定の働き方だけを支援するものではないのです。

（２）ＷＬＢはダイバーシティ推進の中心的施策

つまり、ＷＬＢの本来の目的は、個々人の価値観やライフスタイルを尊重しながら働きやすい環境を整備し、チームや組織のパフォーマンスを高め、それによって新しい価値や成果を創出し続けていくことにあります。多様な人々の働き方を支援するという点で、まさにダイバーシティ推進の中心的施策なのです。

ダイバーシティとＷＬＢの関係は次のような図で説明できます（図２・１）。

ダイバーシティの一環として進めるＷＬＢは、業務効率化を図りながら柔軟な働き方を通じて仕事や生活の満足度を高めるものでなければなりません。両立支援の制度整備のみに偏ることなく、残業削減や業務効率化、チーム力の向上、自己啓発やボランティア活動支援、宗教や慣習への配慮など、多様な人々の力を引き出すための施策を行う必要があります。

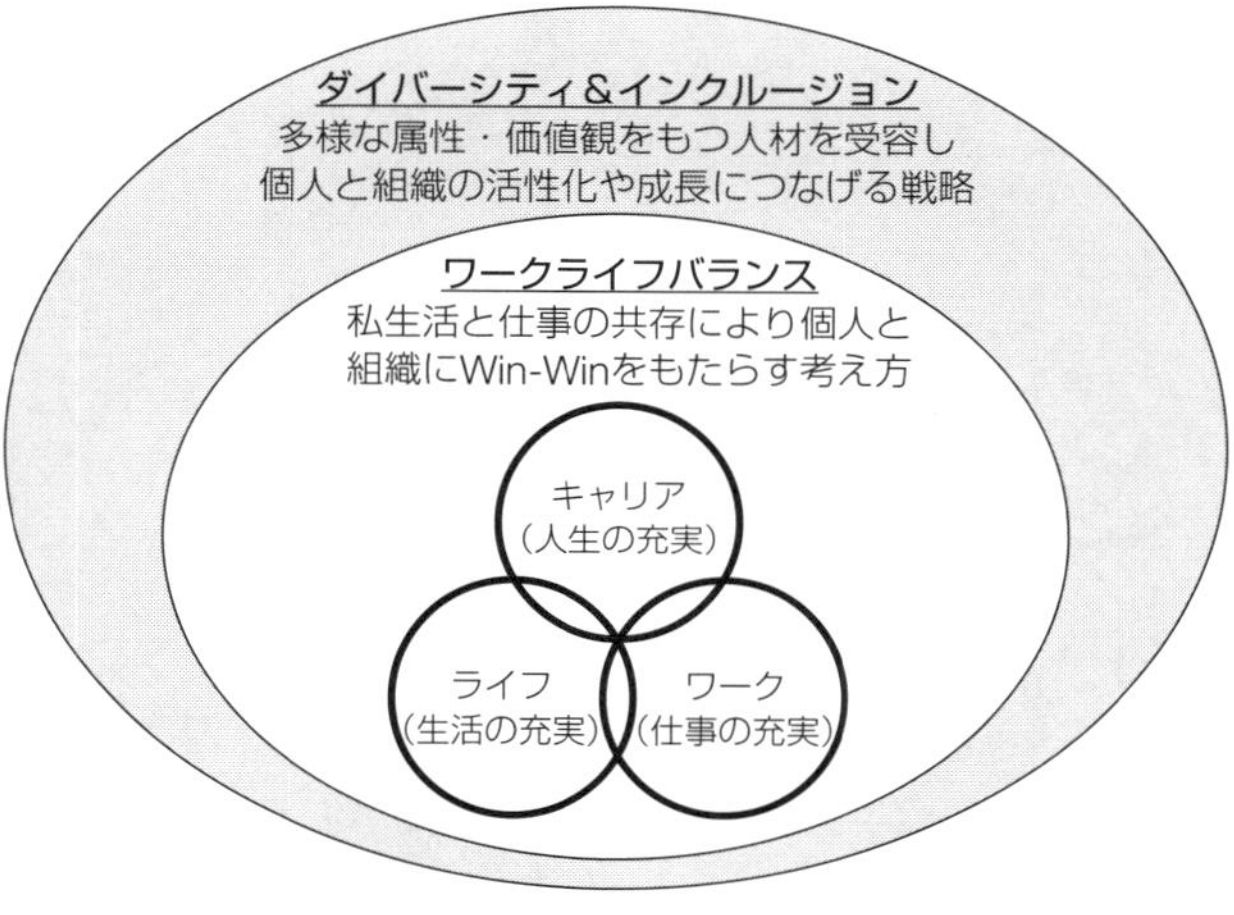

図 2.1　ダイバーシティと WLB の関係

「ワークライフバランス（WLB）」という言葉は、時間配分やバランスをとることのみに意識が向けられたり、仕事と家庭の両立という狭い範囲でとらえられがちなところもあることから、例えば「ワークライフ・マネジメント」とか「ワークライフブレンド」、「ワークライフシナジー」、「ワークライフインテグレーション」といった異なる表現を用いる企業も増えています。このようにWLBを広義にとらえ、効率的な働き方をすることは組織や個人の生産性を向上させるとともに、時間的・精神的ゆとりを生み出し、個人の生活の充実につながります。さらにそのような仕組みの導入が社員のモチベーションや貢献意欲の向上にもつながり、仕事においてもより高い目標へとチャレンジしていく。WLBは、そのような組織と個人の好循環をつくり出すことを目的としています。

ＷＬＢを福利厚生や少子化対策の一環としてとらえている限り、その成果は限定的なものとなるばかりか、女性社員に誤解を与えたり、周囲の社員の不公平感や不満を高めることにもなりかねません。ダイバーシティを推進するための重要な施策であるという点を今一度理解しておきたいものです。

（３）ＷＬＢの意義は「働き方の変革」にある

ダイバーシティにおけるＷＬＢの意義は、仕事の在り方やマネジメントスタイルの変革までを含めた「働き方の変革」にあります。

多くの企業にはいまだに長時間労働を前提にした働き方が根強く残っています。急な残業、出張、休日出勤といった不規則労働に対応できる人が重宝され、時間に制約のある社員や残業しない・できない社員は、いくら成果を出しても評価されなかったり忠誠心がないとみなされてしまうことがあります。このようなことが「当たり前」とされていたのでは多様な人材を活かすことはできません。ある大学の先生が、「昔は犠牲の出し合い競争に勝った（家庭や生活を犠牲にして長時間働いた）人だけが、管理職に昇進したものだ」と言っていましたが、そのような状況では若い世代に管理職のなり手はいなくなるでしょう。

限られた時間の中で成果を出すためには、ムダを省いて業務を効率化したり、情報共有を心がけコミュニケーション力を高めたり、仕事のスキルや知識を増やすなど、これまでの仕事の内容ややり方を見直し、再構築することが重要となります。管理職は「部下の時間を湯水のごとく自由に使える時代は終わった」という認識が必要でしょう。限られた時間資源の中でいかに成果を生み出していくか。いかに効率よく生産性を上げていくか。そのためにこそ、多様性を受容しマネジメントするスキルが必要となってくるのです。WLBは、企業にとって成長し続けるための「明日への投資」であり、ダイバーシティを実現する際の重要なテーマであると言えます。

2・4　ダイバーシティ推進の変遷

ここまで、ダイバーシティの概要や企業の取組みについて述べてきました。ダイバーシティはまず米国からスタートしていますが、それがどのように日本で広まっていったのか、双方の取組みの変遷を振り返ってみましょう。

(1) 米国の取組み：法令遵守から多様性の尊重、そしてインクルージョンへ

①始まりは公民権運動、人権尊重の視点から

日本でダイバーシティが注目されるようになったのは2000年以降のことですが、人種のるつぼといわれる米国では、1960年代から人材の多様性についての議論が始まりました。1964年に公民権法第7編が制定され雇用機会均等委員会が設立されました。翌1965年には、人種や肌の色、宗教、出身地（1967年に性別が追加）などによる差別を撤廃するためのアファーマティブ・アクション（AA）が成立し、有色人種や女性など、組織の中に多様性を取り入れることが求められるようになりました。しかし、当初は法的な強制力が弱かったことから、多くの企業は消極的な取組みに終始し、活用にはほど遠い状況でした。1970年代に入ると雇用差別問題が訴訟に発展するケースが増え、AAや雇用平等法が強化され、ダイバーシティをマネジメントすることは、法令遵守やリスクマネジメントの重要なテーマと考えられるようになりました。一方で、企業文化や組織の仕組みを変えるところまでには至らず、不適格な昇進やモラルの低さ、社員間のコミュニケーション不全、多様な社員の離職率の増加といった、ダイバーシティによるデメリットも顕在化してきました。一方では市場や顧客ニーズの多

様化が始まり、従来の画一的なビジネスモデルを続けてきた企業の中には、この多様化に対応できず業績を落とす企業も出てきました。

②21世紀企業への警告「多様性を活かせ！」

このような状況の中で出てきたのが「多様性の尊重」という考え方です。これは、多様な人材を「法律があるから採用・登用する」のではなく、「正しく評価し活かしていく」という発想へと転換させるものでした。雇用均等、法令遵守という守りの発想から、その違いをどう活かせば組織の力に変わるのか、ダイバーシティの価値は何かという攻めの発想に移行したのです。さらにその動きを決定的にしたのは1987年に米国労働省とHudson研究所によって出された「Workforce2000」です。この報告書では、グローバル化、サービス経済化、技術革新、労働力の人口構成の変化などを予測し、21世紀には女性、マイノリティ、移民が労働力に占める割合が上昇し、白人男性の比率が減少するだろうと警告を発しました。変化がますます激しさを増し複雑化するであろう未来において、「多様性」が重要なキーワードとなることは明らかです。これをきっかけに多くの企業は、人材の多様性を競争優位に活かさなければ、持続的な成長はあり得ないと気づいたのです。

③成功の秘訣は経営戦略に取り入れること

１９９０年代、ＩＴ化やグローバル化が進む中、ダイバーシティの重要性はますます高まっていきました。90年代後半になると「ダイバーシティ＆インクルージョン（Diversity & Inclusion）」という言葉が登場します。「インクルージョン」には、含有、包含、（社会的）一体性などの意味があります。多様性が真に組織の力となり効果を発揮するためには、単に多様な人材を増やしたり尊重したりするだけでは不十分で、異なる価値観をもつすべての人を受け入れ、それぞれが対等にかかわり合いながら相乗効果（シナジー）を生み出すことが重要です。組織においてインクルージョンが実現しているとはどのような状態でしょうか。それは、すべての人々が多様な個性をもって自分らしく組織に参加し、最大限に力を活かすことができていると感じられる状態です。

現在では、「組織の中に違いがあるからこそ、それが力になる。持続的発展のためにはダイバーシティ＆インクルージョンは不可欠である」という考え方は、米国企業の共通認識です。

（2）日本の取組み：女性活躍を中心にダイバーシティ・マネジメントへの移行を模索中

①高度成長期、多様性は必要なかった？

翻って、我が国はどうでしょうか。

長らく「新卒・男性・日本人」という人材モデルで発展してきた日本では、終身雇用や年功序列などの特有の雇用慣行と相まって、正社員の男性中心の働き方が主流でした。また、他の国と比べてもほぼ一つの民族での構成比率が高いこともあり、多様性をマネジメントするよりもいかに同質性を活かすかという方向に注力してきたきらいがあります。そのため、１９８０年代までは、人材の多様性についてはほとんど語られることがなかったと言ってよいでしょう。

日本における多様な人材活用は、女性活躍からスタートしました。背景には国際的に見ても働く場での女性活躍が遅れている現状や、少子・高齢化対策としての両立支援の強化などがあります。この点はこれまでの節でも触れましたが、もう少し遡って日本におけるダイバーシティ導入の流れを確認したいと思います。

②働く女性の増加と国際的な圧力による法制度の整備

女性の社会進出が始まった１９７２年、勤労婦人福祉法が施行されました。この法律は、働く女性に対する総合的な福祉施策の重要性を説き、育児休業制度にも初めて触れています。それまでの母性保護や福祉的な理念から脱皮し、女性の職業能力の発揮を促進するよう求めた点で画期的な法律でした。１９８０年代に入ると、男女共同参画を強く推進する国連の動きに押されるように、１９８６年に男女雇用機会均等法が、１９９２年には育児休業法が施行されました。これを契機に働く女性を支援する法制度が整備されていきます。そして１９９９年の男女共同参画社会基本法の施行、男女雇用機会均等法の改正によるポジティブ・アクションやセクシュアル・ハラスメント防止の追記により、働く場での女性活躍推進が一層求められるようになりました。

男女共同参画社会の目指す姿は、男女が共にもてる能力を十分発揮するというものでした。法律の根底には、女性差別をなくし不平等を是正するという考え方が強くあり、ダイバーシティの目指す多様性を活かすというメッセージは、思うように企業には届きませんでした。そのため、１９９０年代の女性活躍推進は、女性の採用数を増やす、雇用差別をなくす、制度を整え働きやすい環境をつくるという法制度の整備を中心に進みました。国の施策としても、2003年の少子化社会対策基本法、2005年の次世代育成支援対策推進法施行、2007年の「仕事と生活の調和（ワークライフバランス）憲章」及び「仕事と生活の調和推進のための行動指針」策定など、少子高齢化対策としての女性活躍推進の流れが続いています（表2・4）。

表 2.4 女性の活躍推進を取り巻く法制度等の動き

1972 年	勤労婦人福祉法施行
1985 年	女子差別撤廃条約批准
1986 年	男女雇用機会均等法施行
1992 年	育児休業法施行
1995 年	育児・介護休業法成立
1999 年	男女共同参画社会基本法施行
2001 年	内閣府に男女共同参画局設置
2003 年	少子化社会対策基本法施行
2005 年	次世代育成支援対策推進法施行
2007 年	「仕事と生活の調和(ワーク・ライフ・バランス）憲章」及び「仕事と生活の調和推進のための行動指針」策定
2008 年	次世代育成支援対策推進法改正 内閣府「カエル！ジャパン」キャンペーンスタート
2010 年	厚生労働省「イクメンプロジェクト」スタート
2012 年	経済産業省「ダイバーシティと女性活躍推進—グローバル化時代の人材戦略」発表，あわせて「ダイバーシティ経営企業 100 選」事業開始 厚生労働省「働く『なでしこ』大作戦」開始

③ダイバーシティを意識しはじめたのは２０００年以降

ダイバーシティという言葉が企業や組織の中で使われるようになったのは、前出の日経連による「ダイバーシティ・ワーク・ルール研究会」報告書が出された２００２年以降でしょう。２００４年には経済同友会がダイバーシティを人事・経営戦略として提起し、以降急速にダイバーシティという言葉が広まっていきました。

日本におけるダイバーシティ推進が少なからず女性活躍と同義のように語られ、進められてきたのは、格差是正のための女性活躍推進と並行してダイバーシティの考え方が導入され、その中心課題として女性を据えたことに起因しています。ダイバーシティは決して女性活躍推進だけを意味しているわけではありません。しかし、いまだに女性管理職比率をはじめとした女性活躍に関する現状は諸外国に比べて目を覆う状態にあります。経済同友会は２０１２年に「『意思決定ボード』のダイバーシティに向けた経営者の行動宣言」において、「多様なステークホルダーと共存共生するためには、意思決定ボードのダイバーシティは重要な要素であり、その一環として女性の管理職・役員への登用・活用が課題」と指摘しています。あくまで多様性の一つの要素である女性活躍すら十分には実現できていない状況こそが、日本のダイバーシティ・マネジメントがいかに遅れているかを物語っていると言えるのではないでしょうか。

日本のダイバーシティ推進において、確かに女性活躍はなくてはならない中心的課題です。しかしそれは、女性が活躍しさえすればよいということではなく、女性活躍をせずして本来のダイバーシティ推進などできるはずがないということであり、いわば女性活躍はダイバーシティ経営の実現に向けた試金石とも言えるものなのです。

日本経団連は、２０１０年の「企業行動憲章　実行の手引き（第６版）」の中で、「従業員が相互に様々な考え方や価値観を認め合い、刺激を与え合うことが企業にダイナミズムと創造性をもたらす。こうした認識の下、バリアフリーやノーマライゼーションの促進なども含めて、意識・風土の改革などを進めながら、国籍、性別、年齢、障害の有無等を問わず、多様な人材が十分に能力を発揮できる職場環境を整備する」としています[4]。

女性活躍推進の先には、イノベーションや価値創造の源泉として多様な人材を活用し競争優位につなげるという、ダイバーシティ本来の姿があることを忘れてはならないでしょう。

④ＣＳＲの視点からも求められるダイバーシティ

また、ダイバーシティ推進を側面から支えてきたのが、ＣＳＲ（企業の社会的責任）強化の流れです。筆者は、２００１年にヨーロッパのＣＳＲやＳＲＩ（社会的責任投資）の状況を知るために渡欧し、ドイツのＣＳＲ評価機関で企業のサステナビリティに関する調査を行っているOekom Research AG（イーコム社）を訪問しました。ＳＲＩとは、財務分析による投資基準に加え、社会・倫理・環境などの点において社会的責任を果たしているかどうかを投資基準に企業を決定し投資する行動を指します。イーコム社はグローバル企業をリサーチし投資に値する企業を評価する機関です。ヨーロッパでは、ギャンブルや武器に関連する企業や児童労働など不当な労働搾取をしている企業には投資をしないという選択が一般的に行われていました。「日本企業の多くにＣＳＲに関するアンケートを送ってもなしのつぶて。全く返事が来ないか、来ても限られた情報しか開示しない。また、雇用の場では年齢制限があるなど、女性の労働環境が遅れており、人権の視点からも投資対象になりにくいのです。」という担当者の話がとても印象に残っていますが、日本でＣＳＲが注目されるようになったのは２００３年からと言われており、当時日本企業はまだＣＳＲをそれほど意識していなかったと考えられます。その後、日本でも急速にCSRへの関心が高まっていき、現在では環境への配慮や、法令遵守に努めることはもちろん、基本的人権の尊重や女性活用、障害者雇用などダイバーシティの項目も必須となっています。

CSRが重視されるということは、企業経営において財務要素と非財務要素（環境・社会・統治）を重視した経営戦略が求められるようになったことを意味しており、つまりはダイバーシティを意識した経営を迫られているということでもあります。

⑤日本再生の第一歩はダイバーシティから

そして、2012年6月、経済産業省（構造審議会新産業構造部会）により「経済社会ビジョン『成熟』と『多様性』を力に～価格競争から価値創造経済へ」が公表され、「多様性によるイノベーションの創出（ダイバーシティ・マネジメント）」が目指すべき社会ビジョンの一つとして掲げられました。また、同年7月に閣議決定された「日本再生戦略」にも「全員参加型社会の実現」のための必要な施策としてダイバーシティの考え方が盛り込まれました。それまで男女共同参画や少子化対策の文脈の中で使われてきた「ダイバーシティ」という言葉が、経済政策の用語として用いられたのは初めてであり、大きな政策的転換点を迎えたと言えます。経済産業省では、ダイバーシティのもたらす経営効果について「独創的な商品の開発、業務プロセスの改革、外的評価の向上、職場内の効果、企業の社会的責任（ＣＳＲ）に関連する外的評価の向上」の五つを挙げており、ダイバーシティへの取組みは、まさに日本再生への道につながる一歩でもあるのです。その意味において、日本も女性活躍から一歩進んで本格的なダイバーシティ・マネジメントを目指す時期に来ていると言えるでしょう。

第3章　属性ごとの特徴と課題を考える

組織で進めるダイバーシティ・マネジメントには様々な領域があることは、第2章で述べたとおりです。本章では、近年取り上げられることが多くなったテーマに関して、それぞれの取組み状況について紹介します。特に重点課題となっているジェンダー・エイジ・グローバルについては属性ごとの特徴や課題について詳しく述べることとします。

3・1　真に女性が活躍する組織を目指して

（1）いまだ活かされていない最後の資源、それは女性

①女性活躍が進まない七つの理由

日本のダイバーシティが、なぜ「女性活躍」から始まったのかは、前章で述べたとおりです。しかし女性活躍推進が本格化して10年以上経った現在でも、その活躍は驚くほど進んでいません。女性管理職比率、職域拡大、採用数、昇進の機会、能力開発のトレーニング等々、どれもまだまだ不十分です。逆に「なぜ女性活躍が必要なのか？」という声や「逆差別だ」とか、「若手男性こそ活躍できていないのに」といった声も聞かれます。さらに、女性の側からも「現状で満足しているのに、今以上に活躍しろと言われても」

という戸惑いの声や、「私は実力でがんばってやってきた。女性活躍という名目で下駄を履かせてもらったように言われると困る」という不満も顕在化しています。そもそも「女性活躍が進んだ状態」とはどのような状態か、そのイメージさえ共有できていない企業も少なくありません。業種、業態、女性社員比率や女性社員数等、企業の置かれた環境によっても、その目的・目標とするところは様々ですが、目指す姿が明確でない以上、そこに到達できないのは当然のことです。また、女性管理職比率は驚くほど低いのに、「我が社の女性たちは十分活躍しているから、ダイバーシティの重点施策を他に移したい」という企業さえ出てきています。このような状況を見るにつけ、「ダイバーシティの本質が全く伝わっていないのだなあ」と残念でなりません。

ダイバーシティが目指す女性活躍とは、単に女性の数を増やしたり働きやすくすることではありません。それはあくまでも活躍するための土台づくりでしかないのです。

筆者は、長年女性活躍を中心に組織のダイバーシティ推進を支援してきましたが、女性活躍が進まない要因として次のようなものがあると感じています。

1. ダイバーシティ経営の重要性を認識していない
ダイバーシティがなぜ自社にとって重要か、女性活躍推進を何のために行うか、何を目指すかという目的、目標、戦略が、経営層をはじめとした管理職層にしっかり伝わっていない、目指すものの本質が納得できるものとして理解されていないために、取組みが中途半端に終わっている。

2. 女性に不利な雇用慣行が残っている
長時間労働、不規則労働、深夜勤務、全国転勤など、長期雇用の男性を前提とした人事・業務慣行は、ＷＬＢを重視したり、ライフイベントなど特有の事情を抱える女性を排除する方向に機能している。

3. 働きやすさのみを重視した施策になっている
仕事と家庭の両立支援には力を入れてきたが、「活躍」というところには目を向けていない。

4. 公平・公正・均等なマネジメントができていない
「男は仕事、女は家庭」という性別役割分担意識が様々な形で組織の中に残っており、貢献（将来の貢献も含む）への期待や評価、機会の提供などにおいて、公平・公正になっていない。特に、目に見えない小さな不公平・不平等に注意を払う必要がある。

5. 女性管理職登用に消極的である

様々な理由をもって、女性管理職の数値目標をつくらない、本気で登用しようとしない（例　数を増やすことが目的ではない、そもそも女性が少ない、能力ある女性がいない、女性がなりたがらない、女性には無理、向いていない等）。

6. 計画的なキャリア開発が行われていない

会社の期待や評価がわからず、将来のキャリアイメージが描けない女性は多いが、そのキャリアを支援・育成するための施策が十分でない、または効果的でない。

7. 女性自身に当事者意識が希薄である

女性活躍は決して組織の都合で組織のためだけに行われているものではない。仕事のうえで自らを成長させ、個人と組織のWin-Winを目指すものだという自覚が女性側に不足している。

本来、ダイバーシティ経営の目的は、多様な人々が尊重され活かされる状態をつくり出し、そのことにより様々な変化・効果が組織に起こり、最終的に企業のパフォーマンス（成果）の向上に寄与するというところにあります。ただ単に女性の採用数を増やしたり両立支援をしたり、管理職者数を増やすというだけでは、女性の力を引き出し組織の力に変えることはできません。それは活躍の基盤をつくる取組みにすぎないのです。

②世界の中の女性活躍後進国、日本

筆者は、２００７年から毎年、世界各都市持ち回りで開催されるGlobal summit of Women（ＧＳＷ）に出席しています。ＧＳＷは、ビジネスリーダーや政府関係者、非営利組織運営者や学識経験者など、世界中の女性リーダーが一堂に介する会議です。規模の大きさや取り上げる様々な問題の多様性から、女性版ダボス会議とも呼ばれており、近年は、中国、トルコ、マレーシアなど新興国での開催も多くなっています。会議中には、様々なテーマで活発な議論が繰り広げられますが、いつも悔しく恥ずかしい思いをするのが日本女性の活躍に関するデータです。国連が発表しているＨＤＩ（人間開発指数）は１６９か国中10位、ＧＩＩ（ジェンダー不平等指数）は１３８か国中10位と、教育、健康、労働力参加などの面では決して他国に劣らない状況ですが、女性の活躍という点では大きく後退します（表３・１）。ダボス会議を主催する世界経済フォーラムが発表している各国の政治や経済各領域における男女間のギャップを示した指標であるＧＧＩ（ジェンダー・ギャップ指数）は、１３５か国中１０１位であり、先進国でも圧倒的に低い地位にあります（表３・２）。

女性活躍を最も端的に表すのは役員や管理職に占める女性比率でしょう。リーダーシップを発揮し意思決定の場に参画する女性の数を見ると、日本は韓国に次いで低いことがわかります（図３・１）。その韓国では、２０１２年に同国初の女性大統領が誕生し、今後急速に女性活躍が進むことが予想されます。

他国に比べて、日本は管理職やリーダーになる能力や資質を備えた女性が少ないのでしょうか。そのようなことはなく、国立大学の学生（学部、修士、博士）における女性比率は、長期的には増加傾向にあり、女性の高学歴化は進展しています。また、採用・面接に携わる人事担当者の多くは、採用時には女性の方が積極的で優秀だとしています。高学歴で潜在的な力をもった女性が十分活かされていない、そのことに今こそしっかりと目を向けるべきです。これ以上、国際社会に向けて女性活躍後進国というイメージを与え続けることは、我が国にとって非常に大きな問題ではないでしょうか。

表 3.1　HDI，GII ランキングにおける上位 10 か国

HDI 順位	国名
1	ノルウェー
2	オーストラリア
3	米国
4	オランダ
5	ドイツ
6	ニュージーランド
7	アイルランド
8	スウェーデン
9	スイス
10	日本

GII 順位	国名
1	ノルウェー
2	オーストラリア
3	米国
4	オランダ
5	ドイツ
6	ニュージーランド
7	アイルランド
8	スウェーデン
9	スイス
10	日本

［出典：国連開発計画（UNDP）　Human Development Report（人間開発報告書）2013，2013 年 3 月］

表 3.2　GGI ランキングにおける上位と下位の状況

順位	国名
1	アイスランド
2	フィンランド
3	ノルウェー
4	スウェーデン
5	アイルランド
6	ニュージーランド
7	デンマーク
8	フィリピン
9	ニカラグア
10	スイス

順位	国名
101	日本
102	ベリーズ
103	カンボジア
104	ブルキナファソ
105	インドネシア
106	スリナム
107	アラブ首長国連邦
108	韓国
109	クウェート
110	ナイジェリア

［出典：世界経済フォーラム（WEF）「ジェンダー・ギャップ指数」2012 年版］

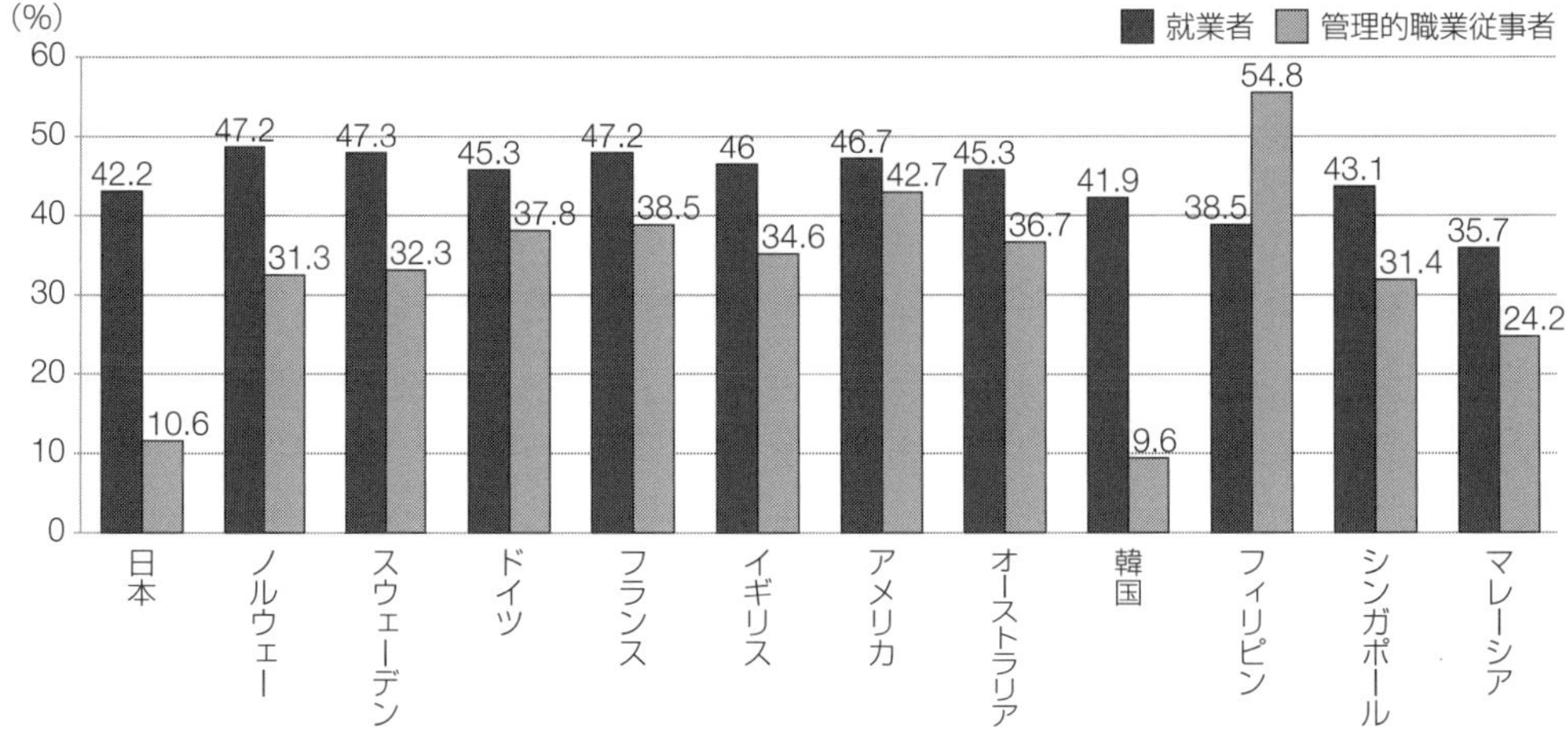

図 3.1　就業者に占める女性割合と管理的職業従事者に占める女性割合

(備考) 1. 日本は総務省「労働力調査」(平成 22 年)，その他の国は JLO「LABORSTA」より作成.
2. 日本は 2010 年，その他の国は 2008 年のデータ.
3. 管理的職業従事者の定義は国によって異なる.

[出典：男女共同参画会議基本問題・影響調査専門調査会「政治分野，行政分野，雇用分野及び科学技術・学術分野におけるポジティブアクションの推進方策について（中間報告）」(H23 年 7 月)]

（2）女性活躍推進の三つのポイント

組織の中で女性活躍を阻害する要因は様々ですが、リクルートHCソリューショングループは、著書の「実践、ダイバーシティ・マネジメント」において、女性活躍推進を考えるうえで二つのフレームワークを紹介しています[5]。まず一つめはフェアな環境をつくり出すこと、二つめはケアの視点をもって働きやすさと働きがいの相乗効果を図ることです。そして、これらを踏まえたうえで、キャリア形成支援を強化することにより、活躍推進を効果的に実施することが可能となります。女性活躍のポイントを「フェア」、「ケア」、「キャリア形成」の三つのポイントで見ていくことにしましょう。

①フェアな環境をつくり出すこと

女性に対する偏見（ジェンダーバイアス）は様々なところに目に見えない形で潜んでいます。例えば、管理職に「君の方が優秀だと思うけど、彼は結婚して子どももできたから、今回は彼を先に昇進させる」と言われた女性のケース、あるいは、その部署には他にも同等レベルの女性が複数いるのに、上司推薦で参加する研修にはなぜか男性ばかりが送り込まれるというケース、さらには、論文公募の際に、名前や性別を隠して審査したところ、男女名が明記されたときより、女性の合格率がアップした…等々、一つひとつは取るに足りない小さなことかもしれませんが、このようなことが積み重なって女性への固定的な思い込みや先入観につながってしまうことがあります。

また、組織の中には、飲み会などの「飲みニケーション」や喫煙室を使った「タバコミュニケーション」、同じ学校の卒業生による学閥ネットワークなど、非公式の場での情報交換や共有、意思決定が行われることがあります。男性と比べ、女性はこのようなネットワークになかなか参加しにくく、結果として情報を把握できなかったり意思決定に参加できない状況が生まれています。また、長時間働く人が優遇されたり、役割が固定化されたり、常に紅一点となるような配置など、女性を排除する仕組みや業務慣行が残っていることも大きな問題です。某メーカーの研究職の女性たちと話をした際、一人の女性がこう言いました。「会社は両立支援策を充実させているが、正直これ以上制度はいらない。２人子どもがいるが、小学校３年生まで短時間勤務制度を利用したら10年以上キャリアを中断することになり、その後を考えると怖くてとても取得できない。それよりも、同僚男性たちの残業時間を何とかしてほしい。同じルールの中で戦うなら勝てる自信はあるけれど、『24時間働けます』という彼らと勝負をしても結果は目に見えている。好きなだけ時間をかけて成果を出すというやり方はいずれ限界が来るのではないだろうか」。

筆者は2007年9月に韓国で開催された「世界女性フォーラム」に参加し、パネラーとして出席していた、資生堂元副社長で現在21世紀職業財団の会長を務める岩田喜美枝氏の講演を聞く機会がありました。女性社員比率の高い資生堂でさえなかなか女性が上位に上がっていかない現実があり、岩田氏は「これまでの男性中心でやってきたスタンダードを変える」ことが重要だと強調していました。基準が変わると、それまで当たり前だと思っていたことがいかに非常識であったかに気づくでしょう。機会提供や処遇を公平・公正に行うことに意識的になることで、女性のモチベーションはぐっと高くなるのです。

②ケアの基本は、働きやすさと働きがいの相乗効果を図ること

・ライフイベントへの配慮は不可欠

近年は、少子化対策として国が強力に推進していることもあり、両立支援の制度や仕組みはかなり充実してきました。育児休業を取得し復帰する女性も年々増加し、職場に育児中の女性社員が複数いることも珍しくなくなってきました。しかし、男性に比べてライフイベントが複雑で、家庭生活を取り巻く環境や事情も様々な女性にとって、制度の充実だけでは働きにくさが解消されたとは言えないようです。仕事のアサイン（割り当て）や期待、評価はまだ十分に定まっておらず、自分の将来のキャリアに不安を抱いたり、育児に十分な時間をとれず子どもに申し訳ないと悩んだりと、仕事と家庭の両立の負担にストレスを抱える女性は少なくありません。一方、育児中の社員を取り巻く職場のメンバーも、そのためにしわ寄せが来たり、負荷がかかるなど、戸惑っている人も増えています。育児中の社員が共に働くための職場づくりは急務です。

前出の岩田氏は、先ほどの講演の中でこうも述べています。「現在の両立支援は企業にとってはセーフティネット。優秀な女性に辞めてほしくないし、できるだけ早く戻ってきてほしいから整備している。だから長期的なキャリアを考えれば、仕事から離れる時期は必要最低限であるべき」。

妊娠・出産で女性が退職することが当たり前だった時代には、企業が優先的に行うべきは「仕事と育児の両立支援」でした。まずは辞めないで続けるということが重要だったことから育児休業や短時間勤務制度の整備に力を入れてきたのです。しかし、現在では様々な制度が整って環境も変わってきました。男女共に子どもを育てながら将来的なキャリアについてしっかりと考えていくことが課題となっているのです。

・WLBからワークライフマネジメントへ

これまでの女性活躍推進は「両立支援」が中心的であったことは否めません。そのため、子育て中の女性を制約のある存在として敬遠したり、意欲ある女性にも責任ある仕事を任せないなど、女性のキャリア形成に不利になるケースも多く見られました。

また、増えてきた育児中の女性社員の処遇やマネジメントに悩む組織も出てきていま す。仕事と家庭の両立に配慮しすぎるくらいに配慮した結果、仕事よりも育児を重視する社員ばかりが増えて困っている、という話も聞きます。しかしそれは、これまで本来の女性のキャリア開発支援を重視せずに、両立支援ばかりに力を入れてきた当然の結果とも言えるわけで、まるで女性のみに問題があるかのような言い方をする管理職に出会うと、首をかしげたくなってしまいます。

本来の仕事と家庭の両立支援は、育児中心に仕事をする女性を増やすことが目的ではなく、「仕事を中心に育児をする」という社員、さらに言えば自分のキャリアと組織への貢献をしっかり意識した自律的な女性社員をサポートすることに他なりません。

組織の両立支援制度が手厚くなればなるほど、それを利用し長期間休職したり、短時間勤務制度を使い切る女性社員が増えるのは当然です。しかし、そのことがどのような結果をもたらすのか、組織も女性自身もしっかりと考える時期に来ているのではないでしょうか。

組織の支援の在り方も女性自身の意識と行動も、「仕事と家庭の両立支援」という限定された枠組みからWLBに意識を変え、さらには、ワークライフマネジメント（仕事と生活の調和による自律的なキャリア形成）へと転換していく必要があります。

重要なことは「働きやすさ」と同時に「働きがい」に着目し、その相乗効果を図ることです。「働きがい」とは、「組織への貢献意欲とやりがいをもって信頼できる仲間と共に働き、存分に自分の力を発揮している状態」と言えます。先進的な企業は、育児休業復帰支援セミナーや短時間勤務中の女性社員とその上司による合同セ

ミナーを開催するなど、相互理解を深めるとともに長期的なキャリア形成に向けて自律と支援の意識を高める施策を始めています。「働きやすさ」を充実させるだけでは、女性活躍によるプラスの変化をもたらすには不十分なのです。

③キャリア形成支援を強化し、活躍の度合いを高める

女性が会社の中でどのようにキャリアを築いていくのか、これまではあまり明確に提示されていませんでした。職場で少数派であるためにロールモデルが少なく、将来のキャリアイメージがわかない人もいます。会社の女性社員に対する期待も、採用時点と現在では大きく変化しているのではないでしょうか。4～5年で辞めるだろうという思い込みによって十分な育成をしてこなかったにもかかわらず、ここに来て急にキャリア意識をもって将来を描くようにと会社や上司に言われ、女性たちは戸惑っています。具体的な育成計画を策定することは不可欠です。また、このような会社と女性の意識のギャップを埋めるために、特に管理職である上司の関与は重要です。女性の意識の変化を否定的にとらえるのではなく、どのような働き方をしたいのかをしっかり受け止め、会社側の期待を伝えるとともに話し合うことが大切です。上司が明確な育成支援方針をもっていることが、何よりも女性社員のやる気と行動を引き出します。

さらに、将来のお手本となるようなロールモデルの少なさもキャリア形成に影響しています。管理職として活躍している女性だけでなく、育児と両立しながら働く女性や、柔軟な働き方をしている女性など、仕事だけでなく生活も含めた「キャリア」をどう考えるか、というキャリアモデルになり得る先輩が少ないために不安を抱いている女性社員には、そのようなモデルを提示していくことが重要です。加えて、女性に不足しがちな自信や自己肯定感を高め、周囲への影響力や交渉力を身につけていくためには、社内の事情や暗黙のルールに精通し、社内外の豊富な人脈をもつ上位職の支援が役に立ちます。定期的に女性社員の相談にのったり助言をしたりするメンターや昇進の機会を与えるなど育成支援の責任をもつスポンサーを意図的に配置し、女性のキャリア形成を促進することも必要でしょう。

（３）今こそ女性リーダーを増やすとき

①女性活躍の四つの指標

女性活躍推進は、大きな柱として「働きやすさ（仕事と家庭の両立）」と「働きがい（男女の均等度、活躍の度合い）」の二つの軸で考えることができます。働きやすさについては、まだまだ十分ではないものの、様々な施策が実施され一定の効果を上げています。

特に大企業では、両立支援から本来のＷＬＢ（仕事と生活の調和）を目指す方向に移行していると言えるでしょう。

一方で、働きがいについてはどうでしょうか。働く女性のキャリアとライフスタイルを支援する女性誌「日経ＷＯＭＡＮ」は、１９８８年の創刊時から不定期に、女性が働きやすい（活躍する）企業のランキングを行ってきました。そのランキングの基準となるのが次の四つの視点です[6]。

●ワークライフバランス度
年間総労働時間、有給休暇取得率、女性・男性社員の育児休業取得率、女性管理職就任後の育児休業取得者の有無、育児・介護支援プログラムの有無、ストレスマネジメントやハラスメント対策の有無など

●女性活用度
女性社員活用やダイバーシティ推進、ワークライフバランス推進のための専任組織の有無、女性社員対象の研修制度などのプログラムの有無、ポジティブ・アクション実施の有無など

●男女均等度
全社員に占める女性社員比率、女性の平均勤続年数、既婚女性比率、子どものいる女性社員比率、女性社員の増減など
●管理職登用度
女性役員の有無、部長・課長・係長相当職における女性の割合、女性管理職数の伸び、女性管理職者比率、女性の最高役職者の役職など

２００６年調査時には、受賞企業の中で上場企業を対象に、株価の過去10年間の推移などを分析しています。その結果、ベスト１００社の株価は平均で５・１％、10年累積で51％もＴＯＰＩＸ（東証株価指数）を上回っていました。また株式パフォーマンスも上位30社の方が下位30社よりよく、ベスト１００社のＲＯＥはＴＯＰＩＸを平均１・32％上回り、３・53％でした。女性活躍に熱心な企業の株価は他社よりも優れていることが明らかとなったのです。さらに、女性の管理職登用度の高い企業の方が、他の指標の上位企業よりも優位に業績がよいという結果になりました。つまり女性活躍を進めるうえで、管理職登用に力を入れた企業ほどその効果があったのです。

②女性リーダーの育成・登用が肝

２０１１年に日本生産性本部が実施した「コア人材としての女性社員育成に関する調査」を見ると、従業員３，０００人以上企業の実に９割以上が「既に女性活躍に取り組んでいる」としています。「女性社員の活躍推進がされている状態」については、「課長相当職以上の職位につくこと」と「仕事に対するモチベーションが高いこと」が共に６割強で最も高くなっており、女性活躍の要に管理職登用があることは間違いありません。しかし、実際にはその登用は遅々として進まず、非常に低い数値にとどまっています。女性管理職比率を経年変化で見ると、課長相当職では、１９９０年の２・０％から10年以上経過した２０１１年でも８・１％とわずか６・１ポイントしか上昇していません（図３・２）。

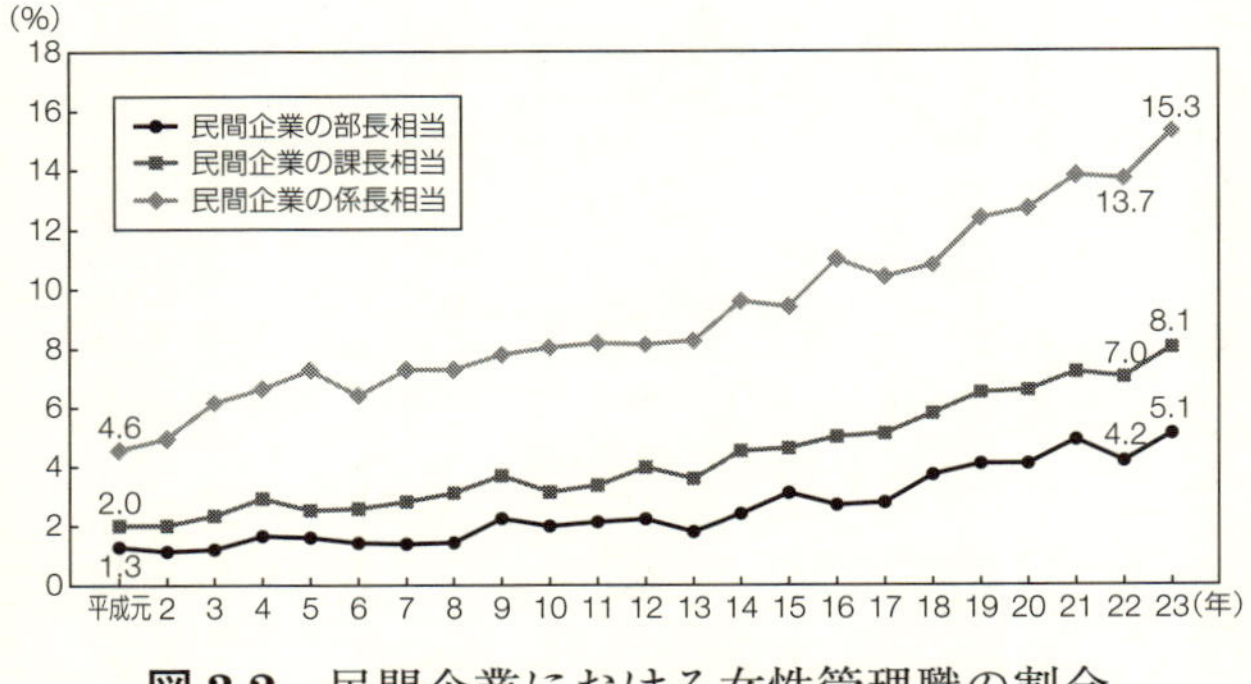

図 3.2　民間企業における女性管理職の割合

［出典：内閣府男女共同参画局　男女共同参画白書　平成 24 年版　（備考）厚生労働省「賃金構造基本統計調査」より作成］

これだけ長い期間女性の管理職登用を謳《うた》いながらいつまで経っても増えないのは、現場の問題、女性の問題というよりも、組織が構造的にかかえる問題と考えてよいのではないでしょうか。女性活躍における喫緊の課題は、管理職登用をはじめとした女性のリーダーシップ開発にあることは論をまたないところです。

③なぜ、女性管理職は少ないのか

なぜ女性管理職が少ないのか、その理由を見ていくといくつかの要因が複雑に絡み合っていることがわかります。大きくは、①組織の問題（女性採用数が少ない、母集団が育っていない、育成計画・キャリアパスが不明瞭等）、②管理職の問題（ダイバーシティの理解不足、期待・評価が低い、育成する意欲が希薄、マネジメント力の不足等）、③女性の問題（意識が低い、両立不安、経験・スキル不足、少数派のストレス、自信のなさ等）などです。これらの要因は既に女性活躍に取り組んでいる企業にとっては、周知の事実でしょう。けれど、大きな改善につながらないのは、やはり根本の構造的な問題が解決されていないからではないでしょうか。

働く女性と企業の問題を研究する組織で、米国で最も信頼されている調査機関であるカタリストによると、女性の役員登用を阻害する要因について、男女の役員共に「全般的なマネジメント能力や現場での経験不足」を挙げています（図3・3）。また女性役員自身は、「インフォーマル・ネットワークから締め出されている」、「女性の役割や能力は画一的に評価されている」、「トップ・リーダーが女性の昇進について無責任である」、「手本となる先例が少ない」などを挙げています。一方で、男性役員たちはこのような問題をあまり深刻には受け止めていないようで、その意識には大きな乖離があります。

女性管理職の登用は、女性社員の育成計画や人事施策、上司向けの研修などが連動してはじめて、その効果が目に見える数字となって現れるのです。にもかかわらず、女性社員の育成プログラムをもちながら、その上司に対しては何も実施していなかったり、評価制度や仕組みには手をつけていない企業が多数あります。このようなやり方では女性管理職が増えるはずもなく、本気で取り組んでいるとは到底言えません。

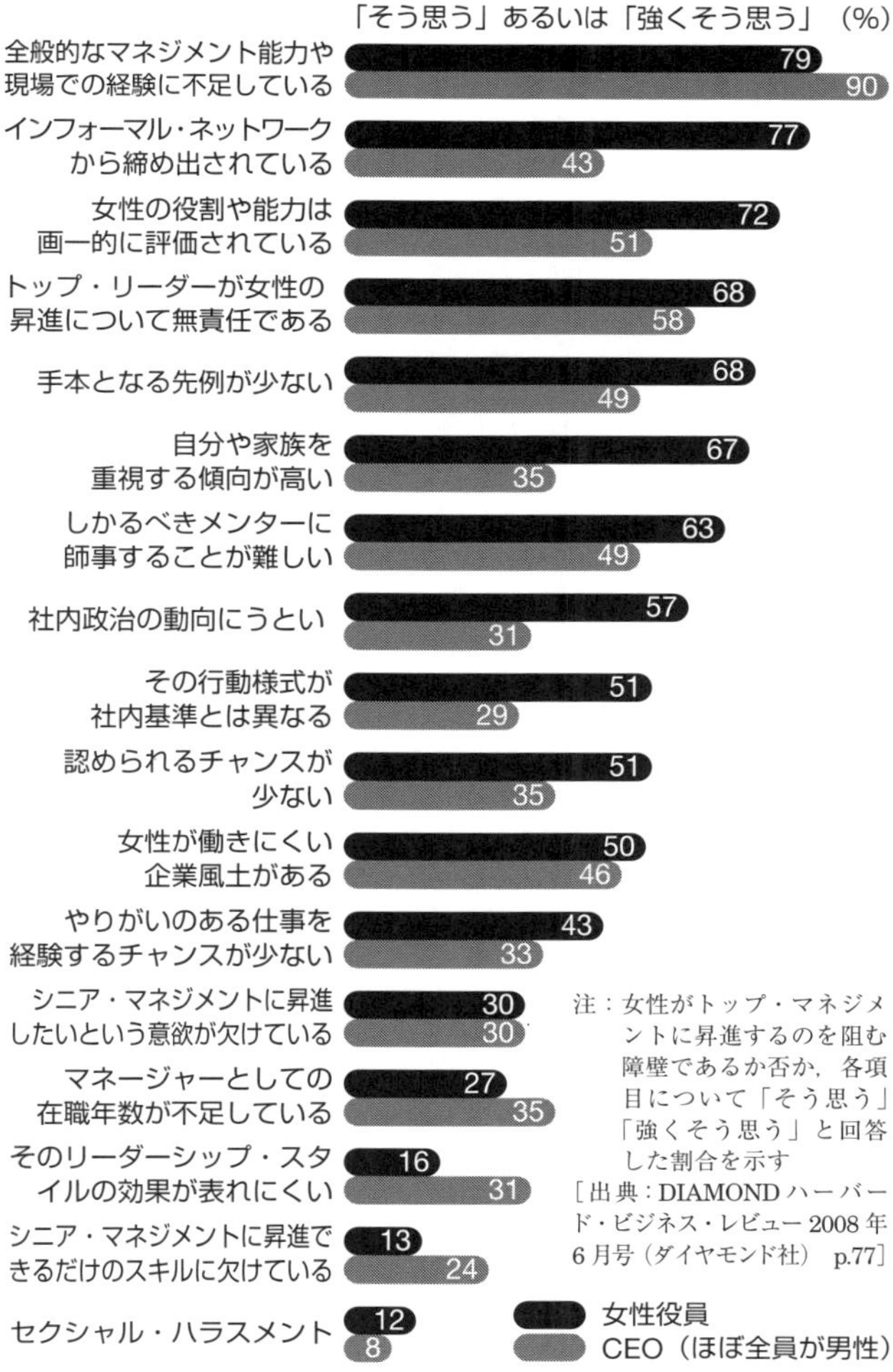

注：女性がトップ・マネジメントに昇進するのを阻む障壁であるか否か，各項目について「そう思う」「強くそう思う」と回答した割合を示す

［出典：DIAMOND ハーバード・ビジネス・レビュー 2008 年 6 月号（ダイヤモンド社）p.77］

図 3.3　男女における認識の違い

④女性の本格登用が始まった

しかし、これまで女性活躍推進に取り組みながら管理職登用の数値目標をもたずにいた企業も、ここに来て続々と目標数値を公表し、役員への登用を含めた女性のリーダー育成に力を入れ始めています。

●２０１３年5月時点での公表企業の一例
・伊藤忠商事：大手商社初の女性執行役員登用。
・ソニー：業務執行役員に初めて日本人女性が昇格。日本における女性管理職比率（現在４％）を今後増やす方針。
・日立製作所：２０１５年までに女性役員を登用、２０２０年までに女性管理職を１０００人にする方針。
・イオン：２０２０年までに女性管理職比率をグループ全体50％にする方針。
・大塚製薬：２０２０年までに女性役員比率を50％をめどに登用。

この背景には、国の強い後押しがあることは否めませんが、準備のできた女性が増えてきたことも一因として考えられます。国は２０１４年の運用を目指して、上場企業の役員候補となり得る女性のデータベース「はばたく女性人材バンク」（仮称）の創設を準備しています。組織で指導的な役割を果たす女性を増やすことで、女性全体の社会進出につなげるねらいがあります。当面は、社外から優秀な女性を招聘し役員に抜擢する動きが活発化するでしょうが、社内の育成計画を再度見直し、生え抜き役員を生み出す組織も増えてくるでしょう。意思決定にかかわるリーダーを目指す女性、専門能力を高めエキスパートを目指す女性、起業やＮＰＯ創設など経営者を目指す女性、自分らしい働き方を目指して常にチャレンジし続ける女性など、様々なキャリアを志向する女性が増えることで、組織も社会もさらに活性化していくのではないでしょうか。

3・2　エイジダイバーシティ　年齢の多様性を活かす

（1）根底にある「年齢差別（エイジズム）」

次に大きな課題となっているのは、「エイジズム」です。年齢の違いは組織に活力を生む源泉でもありますが、そのマネジメントによっては様々な問題を生むことにもなります。

エイジダイバーシティ（年齢の多様性）を考える際には、その根底にある「年齢差別」に意識を向ける必要があります。

「年齢差別（エイジズム）」とは、「ある年齢集団に対する否定的もしくは肯定的偏見または差別」のことをいい、一般的には高齢者差別を指しています。しかし、年齢差別は決して高齢者だけの問題ではなく、広くどの年齢にもあてはまるものです。日本は、他国に比べても非常に年齢を気にする国と言ってよいでしょう。特に、雇用の場における年齢差別は様々な形で行われています。「今どきの若者は…」という若者批判や「女性は職場の花でよい（若い方がよい）」と女性を年齢で評価したり、「中高年の転職・再就職は年齢制限で難しい」などの話は至るところで耳にします。米国では、１９６７年に制定された雇用における年齢差別禁止法（ＡＤＥ）によって、40歳以上を対象に年齢差別が厳しく規制されています。ＥＵでも２００６年末までに、すべての加盟国で年齢差別を禁止する法律が制定されています。

日本では、２００７年の改正雇用対策法においてようやく採用募集時の年齢制限が撤廃されましたが、その効果は限定的とされています。フリーターや再就職を目指す女性の能力への不安や定着率への懸念を払拭しなければ、企業の採用活動がより慎重になるだけで門戸が広がったとは言えないのです。また、海外の年齢制限禁止法は年齢を理由とした労働契約の終了、つまり「定年制」も原則違法としています。しかし、終身雇用が揺らいだとはいえ、日本には定年制を前提とした年功人事がいまだに残っており、そのことが年齢への強いこだわりをつくり出している一因ともなっています。

エイジダイバーシティの本質は、「年齢」だけで評価したり判断したり、区別するのではなく、本来その人のもっている個性や能力、スキル、経験に焦点を当て、それを活かしていくことにあります。

現在、特に問題として挙げられるのは、①若手社員の育成・かかわり方がわからない、②定年延長で増加するシニア社員の活かし方に不安がある、③断絶に近いくらいの世代間ギャップを感じることがある、という3点です。これらの問題について、多様性を活かすという観点から考えてみましょう。

（2）若手社員がのびのびと育つ組織とは

①「最近の若者は」という言葉で逃げていませんか？

管理職や中堅社員の研修で必ず出てくるのが「最近の若手社員は指示待ちで何を考えているかわからない」とか「注意しても非を認めないし、メンタルダウンになりやすいから扱いに困る」などといった声で、「現場で向き合っていると大変なのだろうな」と共感する一方、この言葉の裏には、「だから面倒くさい、やりにくい」と指導や育成を放棄してしまうような響きも感じられます。「では、どうすればいいのか」という解決策に向かわず、思考停止状態に陥っていないでしょうか。「最近の若者は」という言葉が出てきそうになったら、その問題から逃げようとしている自分がいないか、考えてみてください。

・若者論が世代間ギャップを強化する？

いつの時代も新入社員や若手社員の育成・支援は課題ですが、近年はますます複雑になってきているようです。これまでにも新人類とか、バブル世代、ゆとり世代などのように、世代をひとくくりで表す言葉が何度も登場してきました。社会経済生産性本部では、２００３年から毎年、その年の新入社員の特徴を「○○タイプ」として発表しています。これらの世代論や特徴づけは、その時代背景や経済環境と無縁ではなく、世代ごとの意識や置かれた環境を理解するには便利です。納得する部分も大いにあるでしょう。しかし、それにとらわれすぎて「やっぱり今のゆとり世代は」などと、目の前の若手社員を画一的に見てしまったり、短絡的に評価・判断してしまうと、個人のもつ資質や能力を見落とすことになってしまいます。

②３年で３割が辞める状況をどう変えるか

若者の卒業後の離職状況は、中学、高校、大学の卒業後、３年以内に離職する割合がそれぞれ約７割・５割・３割であることから、「七五三現象」にあると言われています。実際に大卒者の離職状況を見ると、１９９５年以降一貫して３年以内で、３割が辞めていく状況が続いています。

最近では、離職率の改善対策に時間をかけるより、離職を念頭に採用した方が手っ取り早い！とばかりに、最初から３割の離職を見込んで採用を行う企業も出てきました。離職率が何％ならば適正なのか、というのは難しいところですが、３割というのは費用対効果から考えても問題のある数字です。明治安田生命が新入社員に行った調査（インターネット調査・調査期間2013年2月21日～2月28日）によると、「入社した会社に一生勤めたい」は47・6％と半数近くになります。また「会社に入ったら社長になりたい（5・8％）」を合わせた生涯一企業志向は53・4％で、前年の2012年より2・3ポイント増加しています。このように見ると、新入社員たちは決してやみくもに転職願望があるわけではないようですが、一方で、入社1年後の社員になると「一生同じ会社で働きたい」は3割に減少しています。つまり、入社から3年までの間に、組織とのミスマッチが生じていることになります。

・入社直後にやってくるリアリティ・ショック

それまで職業経験のほとんどない学生にとって、入社前と入社後で自社や仕事内容に対するイメージにずれが生じるのは当たり前のことです。入社後に改めて互いの価値観や能力を確認し合うプロセスにおいて、一定数の離職者が発生することは、新卒採用の構造的な宿命でもあります。その意味で「ミスマッチ」はある程度不可避なものであり、それを織り込み済みで採用や育成を考えることも必要でしょう。しかし、せっかく採用した人材が不本意な形で退職したり、ちょっとした人間関係や仕事のつまずきで辞めていくのはいかにももったいないことです。仕事を覚える前に「向いていない」などと言い出したりする新入社員はきちんと叱り、引き留めることも必要です。

入社直後から3年目くらいに退職する新入社員に共通するものとして「リアリティ・ショック」があります。リアリティ・ショックとは、理想と現実のギャップに衝撃を受けることです。事前に思い描いていた仕事や職場環境のイメージと、実際に職場で経験したこととの違いやずれを消化できずに、不安感を抱いたり幻滅したりする中で無力感、喪失感を強め、時には離職にまで至る問題を指します。毎日コミュニケーションズが、2008年春に社会人一年目の新入社員を対象に実施した「リアリティ・ショックに関するアンケート調査」によると、6割以上はリアリティ・ショックを感じ、そのことが意欲低下や早期退職のきっかけになったとしています（図3・4）。このような不安を取り除くような働きかけが重要になります。

③価値観、やる気の源泉を理解する

・変わる価値観、変わらない価値観

いつの時代も社会に出て間もない若者には共通するところがたくさんあります。一方で、時代が変わることによって、価値観やライフスタイルなど中高年とは大きく異なる部分

が出てくるのも当然です。その違いを頭から否定したり正しい方向に導こうとしてもうまくいきません。まずは、彼／彼女たちがどういったことを志向しているのか、実態を知ることが大切でしょう。特に筆者が接する20～30代前半の若い世代にはいくつか特徴的な価値観があります。リクルートコミュニケーションズエンジニアリングの船戸孝重氏と徳山求大氏は、新入社員が大事にする価値観には①成長、②貢献、③絆、④自

入社後1か月の新入社員を対象に実施した
「リアリティ・ショックに関するアンケート」

Q.1 リアリティ・ショックを感じましたか？

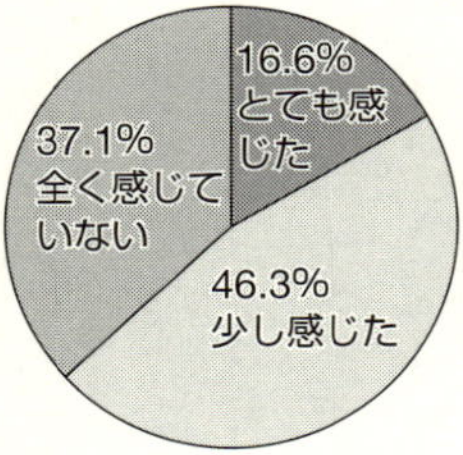

リアリティ・ショックを
感じている新人は

6割以上

Q.2 リアリティ・ショックが与える影響は？

1位：「焦りを感じる」
2位：「会社に行きたくないと思うことがある」
3位：「将来が不安で仕方ない」
4位：「仕事をやめたいと思うことがある」

●リアリティ・ショックが意欲低下や早期退職のキッカケ

Q.3 リアリティ・ショックを感じる要因は？

1位：「社内の人間関係」(同率)
1位：「社会人としての自分の能力」(同率)
3位：「職場の雰囲気」

●職場の人間関係においてリアリティ・ショックを感じている

図 3.4 「リアリティ・ショック」に関するアンケート結果

［出典：(株)毎日コミュニケーションズ「リアリティ・ショックに関するアンケート調査」(2008 年 5 月，社会人 1 年目の男女 313 名を対象)］

分らしさ、⑤リセット願望の五つがあるとしています[7]。筆者の体験からも同様の傾向を感じますが、最近はこれらに加えて「（ワークライフ）バランス」も重要な価値観の一つになっていると感じています（表３・３）。特に、転職が容易になり一生この会社で働くという意識が薄れる中、自分が成長できるかどうかは、仕事をするうえでの重要な価値観になっています。また報酬や肩書きよりも社会貢献や人との関係性を重視してＮＧＯ、ＮＰＯ等に関心をもったり仕事中心の生き方よりも自分なりのバランスを取りながら働きたいという若者も増えています。

表 3.3　若手社員が大事にする価値観

価値観	特徴
成長	自分の成長を感じられることが重要，短期決戦，早く結果を出したい，教えてもらって当然
貢献	誰かの役に立ちたい，肯定・承認欲求が強い
絆	自分の居場所があること，人間関係重視，タテよりもヨコ重視，受け身のコミュニケーション
自分らしさ	自分のやりたいこと探しを続ける，「自分らしく」が重要
リセット願望	転職さえすれば今の悩みはすべて解決すると思い込んでいる，我慢する自分より飛び出す勇気のある自分はかっこいい
バランス	会社人間はダサい，仕事と私生活の自分なりのバランスを見つけたい

・やる気をなくす要因は組織・仕事・自分

また、若手社員に仕事でやる気をなくす要因をきくと、①会社、②上司、③職場、④仕事、⑤自分等が挙がってきます（表3・4）。特に、自分に自信がない割には成長願望が強いため、上司や周囲の何げない一言に落ち込んだり、悩むことがあるようです。上司や周囲からの肯定的なフィードバックや承認、感謝の言葉は、彼／彼女たちのやる気に大きな影響を与えています。若い世代の価値観ややる気をなくす要因を理解し、肯定的に働きかけることで、意欲を引き出し積極的な行動へとつなげていくことができるのではないでしょうか。

（3）シニア社員の活かし方

①定年65歳延長にどう対応するか

２０１３年４月から、改正高年齢者雇用安定法の施行により、希望者全員を65歳まで雇用する制度の導入

表 3.4　若手社員がやる気をなくす要因

会社	会社が自分を活かそうとしていない，将来性が感じられない，見えない
上司	自分への期待や評価が低い，わからない．尊敬・信頼できない，大人への免疫力が弱い
職場	人間関係が悪い，少数派，ロールモデルがいない
仕事	仕事が単調，きつい，目的・意味がわからない，やりがいが感じられない
自分	自信がもてない，自己尊重感が低い，将来への漠然とした不安がある

が企業に義務づけられました。その制度の是非はともかく、既に高齢社会に突入した我が国では、今後も働くシニア世代は増え続けていくことが予測されます。増えるシニア世代の中には、変化する組織の中でこれまで培った経験や技術が通用しなくなるなど、「時代からのとり残され感」をもつ人や、定年までの腰掛け的な気持ちで仕事をとらえる人、会社への貢献意欲をどう発揮してよいかわからず悩む人など様々な人がいます。一方、シニア社員を管理する立場の人たちにしても、先輩や元上司である中高年者に対しては遠慮もあるうえ、仕方なく使っているという意識もあるようです。

長く会社に貢献してきた人々を、今後どう活かしていくのか。このテーマはエイジダイバーシティの新たな課題になりつつあります。ともすると問題ばかりに目がいきがちですが、シニア社員のよい面に焦点を当ててみましょう。心理学者のエリク・エリクソンは「人は中年期にさしかかると、世代継承性を担うという心理的な課題に取り組むようになる」と述べています。次の世代を育てる、支援したいという意欲は中高年になるほど高まっていくのです。

今、自分の会社に誇りがもてない、ロイヤリティ（忠誠心）が低くなっている若手社員が増えているとも言われています。そのような中でシニア社員には「業務知識」や「自社独自のルールの理解」、「判断力」、「人脈」など貴重な資源があります。シニア社員のもつ知見・経験・ノウハウだけでなく、会社の理念やビジョン、現在に至るまでの想いなどについて価値の伝承、継承ができた企業は、それだけで大きな競争力を手にしたと言えるのではないでしょうか。組織や人がどのように成長してきたのか、最もよく知っているのがシニア社員です。そのような次世代育成の役割を彼／彼女たちに期待することで、シニア社員も会社への貢献意欲を満たすことができ、さらに自分自身の成長意欲につながっていくことが期待されます。

(4) 世代間ギャップを超えて協働するために

①年上部下・年下上司の関係をひもとくカギは？

近年では、多くの企業で「年上部下と年下上司」という関係が当たり前になりつつあり、お互いに「やりづらさ」を抱えながら仕事をしている人も多いようです。年下上司からすると、年上の部下に対する遠慮や気遣いからうまく指示ができない、注意・叱責はもちろん褒めるタイミングもわからないという声が聞かれます。一方、年上部下からすると、年下の上司に対して未熟なところが目についたり、プライドが邪魔をして素直に指示に従えなかったり、つい自分の経験を優先したりということが起こりがちです。

このような逆転現象は今後もますます増えていくでしょう。

ここで大切なことは、年齢・経験以外の「本質的」な特性を元に仕事上の役割を双方がきちんと認識し、チームワークをはぐくむためにお互いがどうあるべきかということです。「上司」は、「チームをまとめ指示を出し、部下を育成し、組織の成果につなげる人」という役割、「部下」は「チームに貢献し、上司をフォローし、現場で成果を上げる人」という役割、このそれぞれの役割を担うために、年齢や経験年数だけでなく、本質的な力をどのように発揮するのか、ここに焦点を当てる必要があります。両者の役割の違いが「上下」になっているだけで、成果を上げるという点においては、その関係は「対等」ということもできます。お互いに「敬意」をもち、役割を全うすること、集中することが大切であるという認識を共にもてば、必要以上に年齢にこだわることもないでしょう。

役割が明確になれば、あとは相手の「本質的」な特性をしっかり把握し、お互いをサポートし合っていくことです。年齢や経験年数だけで判断せず、その人の特性を把握していくことがカギとなります。

②年齢の多様性にもっと価値を見いだそう

それぞれの年代ごとに課題はありますが、年齢という特性だけでひとくくりに評価・

判断し、その対処法だけに終始してしまうと、実態とは離れた対応となりうまくいかないことは明らかです。多様な年齢層の社員がいるからこそ生まれてくるダイナミズムや思いがけない発想を活かすことにもっと目を向けてみましょう。そのカギとしては、①相手を受容し、尊重する気持ちで接すること、②お互いの役割を認識し、その役割に対して当事者意識をもってかかわること、③成果だけでなくプロセスにも目を向けること、④チームワークや組織貢献をきちんと評価することが挙げられます。

若手社員がのびのび自由に発言できない組織、シニア社員が尊敬されずやる気をなくしている組織に未来はありません。特に若手社員は次世

代の組織の担い手であり、新しい未来に向けて問題を解決していく人々でもあります。彼／彼女たちが十分力を発揮できる組織づくりのために、エイジダイバーシティに取り組んでいきましょう。

3・3　グローバル経営におけるダイバーシティへの対応

グローバルダイバーシティはここ数年、急速に注目を集めています。これまでにも、企業の海外進出や異文化コミュニケーションの文脈で多様性が語られることはありましたが、グローバルダイバーシティの課題は、企業のグローバル化とともに拡大しています。

多文化組織であるグローバル企業では、それぞれの文化を理解・尊重することが重要です。そして、組織内の様々な属性グループがもつ多様性を理解し、それを活かすダイバーシティ・マネジメントは、グローバル経営を進める企業にとっては不可欠です。しかし、その重要性に気づいていない会社は思いのほか多いように見受けられます。また、グローバル化とダイバーシティの問題は、決して海外展開を目指す企業だけの問題ではありません。国内で働く外国人との共生や、自分の内面にある多文化に対するマインドセット（考え方・心構え）をどのようにもつか、という「内なる国際化」も重要なテーマとなります。

（1）加速するグローバル化の流れとダイバーシティ

①企業のグローバル化はどのように進んできたか

日本企業のグローバル化の流れは、１９８０年代から徐々に本格化しました。慶応義塾大学教授の花田光世氏は、企業の海外進出を大きく五つの段階に分類しています[8]。最初は駐在員をおいた輸出中心、次に現地法人の設立に伴う現地化、さらに管理機能をもつ海外子会社による国際化から、その子会社間のネットワーク強化による多国籍化、そして最終的には全本社機能を備えた法人によるグローバル化へと進んでいきます（表３・５）。

「国際化」と言われた時代の事業活動は国内中心であり、活動の一部を海外で行うというイメージでした。これに対し「グローバル化」には、全世界を市場とし、生産、流通、販売の各部門で「ヒト・モノ・カネ・情報」といった経営資源を、国境を越えて最適に配分するという、全地球的に事業を営むというイメージがあります。

②２０１０年は日本企業の「グローバル化元年」

前出の馬越恵美子氏は、「２０１０年はビジネスにおける日本の『グローバル化元年の年』であった」としています[2]。

これまでの現地法人は、社員は現地で採用し社長は日本から送り込むというパターンが一般的でしたが、この年の前後からトップに現地の人を据えようという動きが加速しています。日本企業のトップに外国人が就任したり役員に登用されたり、本社機能の一部を海外移転する動き（HOYA、サンスター、三井化学

表3.5　企業の海外進出における五つの段階

段階	進出形態	必要な人材
1）輸出中心	駐在員事務所・支店設立 マーケット・シェアの拡大	• 語学堪能で開拓精神旺盛な日本人
2）現地化	現地法人設立・組立工場 販売の現地化	• 製造・技術・管理部門の熟練社員派遣 • OJT中心で現地人育成
3）国際化	管理機能をもつ海外子会社 国際分業体制	• 豊富な職務知識と現地人のマネジメント 力に優れた国際経営者 • 現地人の中堅・専門家育成
4）多国籍化	一部の本社機能をもつ海外子会社 海外子会社間のネットワーク強化	• 国内人事と海外人事の統合 • 現地人幹部の育成
5）グローバル化	全本社管理機能を備えた法人	• 国境や国籍を超えた協働ができる人材 • 日本人・現地人といった区別から統合へ

等）も出てきました。日本人社長も海外経験者やグローバルなビジョンをもった人物が増えてきたほか、パナソニックやコマツなど複数の大手企業が外国人採用枠を大幅に広げ、人材のグローバル採用に乗り出しました。また、楽天、ユニクロなどが英語の社内公用語化を打ち出したことも大きな話題となりました。

グローバル化の動きは大企業に限ったことではなく、中小企業においても活発になっています。当初は取引先が海外に移転していることから否応なく海外に進出した企業も、現在では、仕事の機会や事業の拡大を目指して積極的な展開を進めています。

このような動きを見ると、日本企業はいよいよ本格的なグローバル経営の時代に突入したと言えるでしょう。

（2）グローバル経営の人的課題

日本企業のグローバル経営の状況を見ると、着実に成果を上げている企業がある一方、様々な課題に直面している企業も少なくありません。特に人的資源の活用という視点からとらえると、①他国の文化や慣習への理解と対応が遅れている、②グローバルマインド・スキルをもった人材（グローバル人材）が不足している、③国内外における外国人社員の活用がうまくいっていない、という三つの課題が浮かび上がってきます。それぞれにどのような問題を抱えているのか、詳しく見ていくことにします。

①他国の文化や慣習への理解と対応が遅れている

グローバル化がどれだけ進んでも、他国の文化を受け入れて、それを活かすには相当の壁があると感じている企業は少なくないようです。海外進出をしても日本の文化や習慣をもち込んでそれに従わせようとしたり、日本国内で採用した外国人に自国の習慣を押しつけたり、無意識にその国の慣習や文化を軽んじるような言動を行ったり、文化の違いを必要以上に誇張して受け止めたりといった例も見られます。

長年、グローバル企業のコンサルタントを行っているグローバルインパクト代表パートナーの船川淳志氏は、日本企業が文化を軽視する姿勢に強い危機感を示し、次のように述べています。

「一般的に言って、ビジネスを行う人たちは、文化の違いの問題をほとんどビジネスとは正反対のものと見る傾向がある。――ビジネスと文化は、ほとんど継ぎ目なくつながっている。われわれはビジネスのなかに文化的側面を見、そして文化の中にビジネスを見ることができる。――『文化の衝突』から目を背けたり、その存在を否定する必要もなければ、文化の違いを誇張する必要もない。共通点と違いをありのままに受け止めることが第一歩である」[9]。

文化は、経営の様々な局面にかかわっています。それは組織構造、システム、戦略だけでなく、商品開発、マーケティング、リーダーシップ、意思決定、会議のやり方等々にも影響します。ステークホルダーに外国人が増加するということは、組織が否応なく多文化組織になることであり、組織内の多様性の幅が広がるわけですから、企業理念の再定義や浸透、共有は不可欠となってきます。お互いの文化を理解し尊重する姿勢がなければ、グローバル経営は成り立たないのです。

②グローバルマインド・スキルをもった人材が不足している

グローバル人材とはどのような人を指すのでしょうか。前出の馬越氏は「多様な価値観を受け入れ、異文化に動じない人。基本的なビジネススキルを持ち、英語などの外国語でビジネスができる人。組織ではなく、個人としての魅力のある人。会社の看板がなくても世界で勝負できる人。自分で判断できる人。世界を俯瞰的に見る広い視野を持っている人」[2]と定義しています。外国語ができる、海外経験があるということは必要条件にすぎません。「Think Global, Act Local」の視点をもって、自分の中にある壁を取り払い、心の開国を進めていこうというマインドをもった人材こそが、今後のグローバル経営において必要となるのではないでしょうか。

そのような視点で人材育成を見ていくと、現状は「英語力の向上」や「海外勤務の経験を積ませること」ばかりがクローズアップされており、真のグローバルマインドを育てるような人材育成にはなっていないのではないかと感じることがしばしばあります。他国の文化を理解する、相手を理解するということは、つまり自国の文化を知る、自分を理解するということに他なりません。自戒も込めて、自国について、自分について十分理解していると自信をもって言える人は驚くほど少ないと感じています。まずは自分とは何か、自国はどのような文化や伝統をもっているのかを理解することがゆるぎない自分の軸をつくり出します。また、グローバルに通用するスキルとは、英語力やコミュニケーション能力というレベルではなく、自分を表現するプレゼンテーションの能力や、タフな交渉をこなすことができる能力、多様な人をまとめていく統率力など、より高度なスキルが必要となります。

自分軸をしっかりもって、常にグローバルな視点で物事をとらえ世界を俯瞰して見ることができる人、自文化中心主義から脱却し、異文化に対して柔軟に向き合っていける人、世界で通用するコミュニケーション力やスキルを身につけようと学び続ける人、そのような人材こそが真のグローバル人材として育成が求められているのです。

③国内外における外国人社員の活用がうまくいっていない

グローバル企業において社員の多国籍化はある意味必然と言えます。海外の企業ではそのトップが自国人以外ということは珍しくありません。また、在日外資系企業では経営陣に日本人が含まれるのが一般的です。しかし、日本の国内企業では経営陣に外国人が含まれるケースは少なく、海外現地法人の経営陣の多くも日本人で占められています。ある調査では、調査対象企業で「ほぼすべての現地法人が日本本社の人材」と「多くの現地法人が日本本社の人材だが、一部の現法は現地人材」を合わせるとその数は84％にものぼります[10]。

一方、日本国内でも高度な能力を有した外国人（高度外国人材）の採用を検討している企業は多く、外国人留学生を中心に採用を活発化している企業もあります。外国人を雇用するメリットは、①母国語と日本語のバイリンガルが多く、多文化への理解があり、相手国へのビジネスをスムーズに進める架け橋となれる、②自国の情報やネットワーク、人脈によって海外進出や取引の機会が増える、③海外関連の業務で活躍できる、④日本人にない発想や仕事への姿勢が他の社員のモチベーションアップにつながる、などがあります。

しかし、実際にはそういまくはいっていないようです。日本生産性本部の２０１１年調査では、対象企業の６割以上が外国人を一人も採用していないとしています。

また、たとえ採用されても十分活躍できずに転職したり退職するケースは多く、その理由を見ると外国人特有の課題が見えてきます。年功序列に基づく給与体系や昇進・昇格が理解されにくかったり、ジョブローテーションやＯＪＴ中心の人材育成が多いため、専門職志向の強い外国人の中には不満を募らせる人もいます。特に、留学生採用者の中には強い上昇志向から条件のよい企業があれば転職してもよいと考える人は多く、転職や退職へのハードルは想像以上に低いのです。さらに、「周囲に親切にしてもらっているが、逆にお客様扱いされているようにも感じる」などのように、仕事のパートナーとして見てもらえないというストレスを感じる人もいます。日本人管理職からも「時間にルーズだ」とか「接待に同行させたら残業代を請求された」、「慣例として行っている始業前の掃除を拒否された」など、日本では当たり前とされるビジネスルールに反発したり、無視したりすることもある外国人に対する戸惑いの声も聞こえてきます。これはいずれも、お互いの文化や慣習、価値観への理解不足、自国中心主義の考え方から発生していることが少なくありません。このような誤解やずれを解消し、外国人社員のモチベーションを高め、その能力を発揮してもらうことは、今後のグローバル化の中で非常に重要なポイントです。

これらの三つの課題は、それぞれが単独で成り立っているわけではなく、図3・5で示すように相互に関連し合っています。このため、どれか一つを単独で解決しても結果としてグローバル経営を後押しする人材育成にはつながりません。これらの課題を同時に解決し真のグローバル経営を実現するためにも、ダイバーシティ・マネジメントは不可欠なのです。

（3）グローバルダイバーシティを進めるために

「グローバルとか外国語と聞いただけで思考が固まってしまう」という人は多いようです。グローバルダイバーシティを推進していくためには、まずこのような異文化に対する苦手意識や拒絶反応を取り除く必要があります。筆者は、そのカギは「心・技・体」

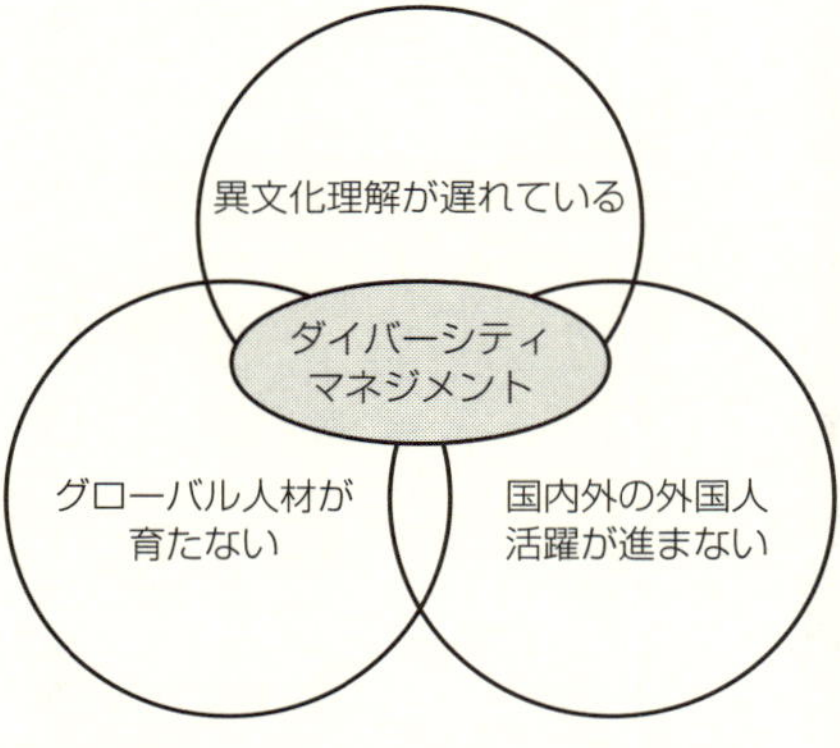

図 3.5 関連し合う三つの課題

の三つの要素を鍛えることにあると考えています。「心」はグローバルマインドであり、異文化に向き合う自分自身をしっかりつくるということ、「技」は語学力や異文化コミュニケーション力などの対応スキル、そして「体」は行動力で、とにかく一歩前へ踏み出し実際に触れ合うことです。それぞれにどのようなことが必要か、簡単に紹介します。

①グローバルなマインドセット（心構え）を身につける

筆者は、数年前にマルチカルチュラル・プレーイングフィールド社代表取締役の渥美育子氏が主宰する「グローバルマインド養成講座」を受講しました。渥美氏は、米国で長くグローバル企業のコンサルティングを行ってきた経験から、「文化の世界地図」という独自のツールを開発し、日本企業のグローバル人材育成を支援しています。渥美氏は日本人のグローバルマインドの低さに強い危機感をもっており、シングルレンズからマルチカルチュラルレンズへと、ものの見方を変えることの重要性を強く説いています。

自国の文化にこだわり、その視点でしかものを見ない人は、「シングルレンズ」をつけている状態です。この状態では、自分の思い込みや固定観念に気づきにくいだけでなく、自国の正当性を主張したり、相手の価値観を変えようという考えに陥りやすく、単一文化の視点から相手を見てしまうと、相手の国や文化を理解しようという気持ちが薄くなってしまいます。

マルチカルチュラルレンズをつけるということは、多文化の視点から洞察を深め、異なる価値観からなるものの見方を共有し、自分中心のものの見方を修正するということです。つまりそれは、相手のレンズをはめて自分たちを見る、というポジションシフトを行うことを意味します。そうすることで新しい理解が生まれたり、高次元のメタ認知にたどり着くことができます。その結果、自分の殻を破り、一段上のステージから自分自身を含めた状況を客観的に見ることができるようになるのです。自分の中にグローバルな視点を内在化させたうえでマルチカルチュラルレンズをつけると、劇的なパラダイムシフトが起こり得るのです。

②異文化コミュニケーション力を高める

ダイバーシティ経営を実現するうえで、異文化コミュニケーションは、人と人をつなぐ基本的なOSということができます。共通の基盤があることで、お互いを理解・尊重しながら、協働していくことが可能となるのです。

米国の異文化コミュニケーションの研究者ミルトン・ベネット氏は、自分の異文化に対する感受性が「今」どの段階にあるかを知り、異文化への否定的な反応を肯定的な受容と適応に変化させていくステップを理解することが重要としています[11]。相手の行動を理解するためには、まず相手と自分は違うのだということを前提に出発します（ステップ1）。そして、そのことを自分はどう受け止めているのか、文化的な違いをどう理解しどのような価値観で見ているのかを認識します（ステップ2）。そのうえで、自分の価値観を判断したり評価したりすることをいったん保留します（ステップ3）。そして、「相手のことはわからない。自分と同じように感じているかはわからない」という前提のもとに、相手の意図や背景を推察します（ステップ4）。そのうえで、文化の違いを踏まえた行動（ステップ5）に落とし込み、自らの価値観の上書きを行います（ステップ6）。

ここで、特に重要なのは、ステップ3とステップ4です。自らの価値観にアンテナを立て、いったん保留することで相手を受け入れようという気持ちが生まれます。また、「本当のところはわからない」という前提に立つことで相手を理解しようという気持ちが強くなります。ここで重要なキーワードとして、シンパシー（感情移入）とエンパシー（自己移入）があります。シンパシーは、同情、思いやりであり、相手の心情を情緒的に理解する、相手の気持ちがわかるということが前提となります。一方、エンパシーとは、感情移入、共感能力であり、相手の気持ちはわからないという前提のもとに、相手の状況を論理的に推察することをいいます。文化の壁を越えるためには、エンパシーを意識することが重要となります。相手と話し合うプロセスにおいて、常に、相手はなぜそう考えるのか、自分だったらどうするのか、と問い続けることが最善の結果につながっていくのです。

異文化コミュニケーションの出発点は、まず自分を知るところから始まります。自分自身や自国の文化を知らずして、相手を理解することはできません。自己理解や自己認識を深めることが、より深く相手を理解することにつながります。そして、自分と異なる背景・環境をもつ人は自分とは違う価値観をもっており、それはよい・悪いと判断するものではなく、ごく当たり前のことなのだと受け止める必要があります。相手の文化を尊重することは、決して相手の価値観に同化したり、自国の文化を捨てることではありません。自分の価値観やアイデンティティを大切にしながら、話し合いを通じて、対立や衝突を乗り越え、相乗効果を生み出すプロセスこそが、異文化コミュニケーションの醍醐味であると言えます。

3・4　障害者のダイバーシティ

（1）「雇用義務や福祉のため」という発想からの転換を

障害者の雇用自体は、法律の後押しもあり順調に増えているようです。就業を希望する障害者も増加傾向にあります。２０１１年度のハローワークへの新規求職件数は過去最高を記録し、特に精神障害者の件数は前年度比23・０％増で、求職数そのものはまだ少ないものの比率は急伸しています。２０１２年からは法定雇用率が２％にアップしたほか、今後は精神障害者の雇用義務化も検討されており、求職数は今後も増加していくと予想されます。

しかし、障害者がやりがいや働きがいをもって長く勤務できる環境かどうか、という視点で見ると、まだその環境や職務内容は不十分です。国のこれまでの政策も人権・福祉の観点が強くありましたが、障害者自立支援法も２０１３年4月から「障害者総合支援法」と名称を変え、近年「障害者の就労支援」は大きなテーマとなっています。

東京都が行った「障害者雇用実態調査（２００９年度）」でも、障害者の採用については「会社の社会的責任（ＣＳＲ）を果たすことができるから（59・０％）」と「障害者法定雇用率未達成のため（法令を遵守することができるから）（53・9％）」が共に半数を超えています。

障害者雇用が一般的になりつつある中、「法律があるから雇用する」という考え方から一歩進んで、「障害者の資質や特性を見極めながら、その能力をどう引き出し、職場で活かしていくか」という視点で、障害者のダイバーシティについて考える時期に来ているのではないでしょうか。

（2）障害について知る

これまで障害者を受け入れたことがないと、労務管理が複雑になるのではという不安やバリアフリー対策などでコストがかかるといったデメリットを感じる企業も多くあるでしょう。まずは障害とは何か、障害者は何を考え、何を求めているのか、そのことを知ることが障害者を活かすことにつながっていきます。

障害には大きく四つの分類があります。体の障害である身体障害、知能の障害である知的障害、心の障害である精神障害、そして、脳機能の障害である発達障害です（図3・6）。また、生まれつきである先天性と途中で障害を受障する後天性のパターンがあり、それぞれに本人の考え方を形成する要因があります。障害者雇用に詳しい、よりよく生きる

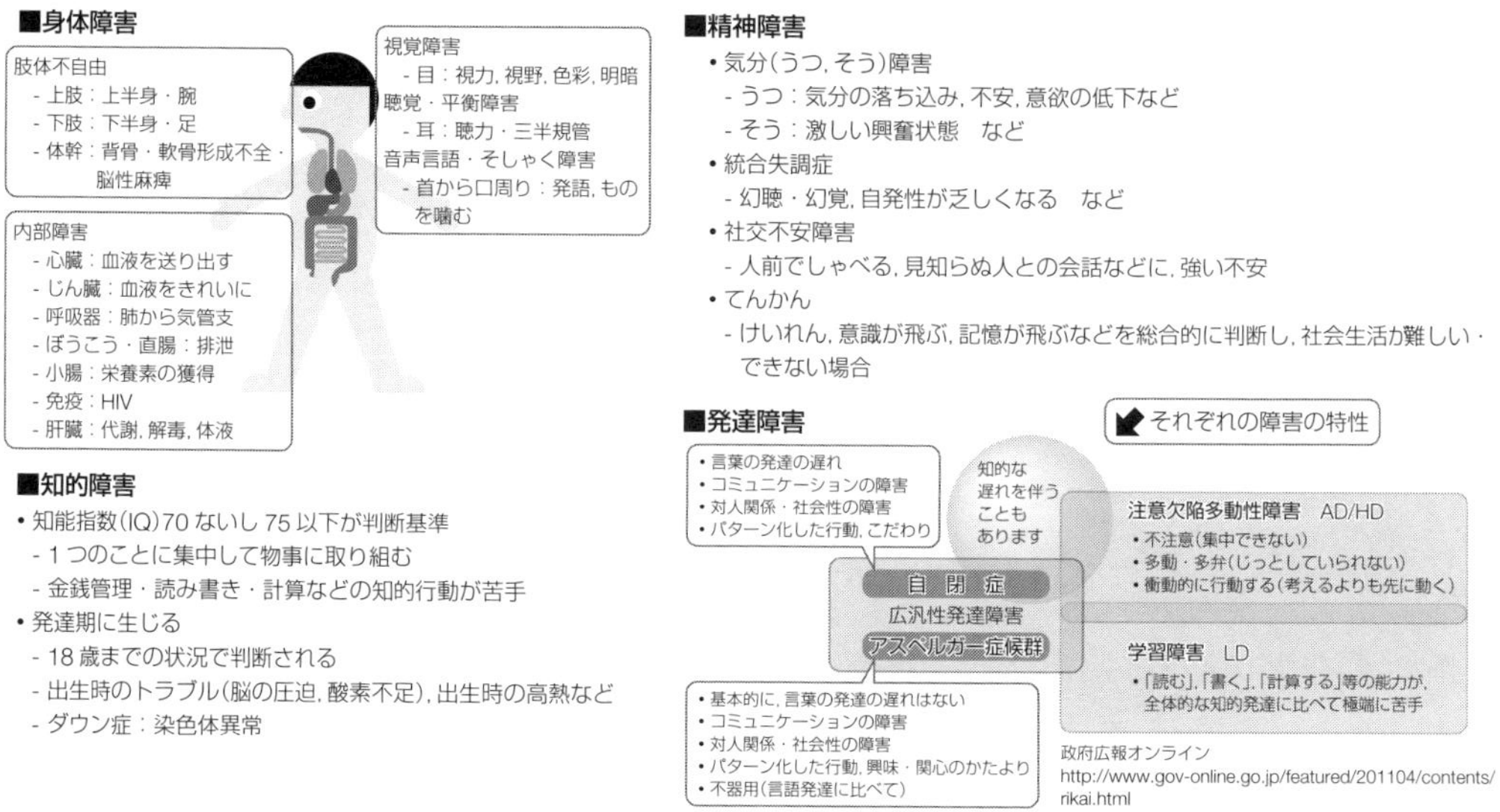

政府広報オンライン
http://www.gov-online.go.jp/featured/201104/contents/rikai.html

図 3.6　障害の主な分類

[非営利株式会社よりよく生きるプロジェクト代表取締役　矢辺卓哉氏より提供]

プロジェクト代表取締役の矢辺卓哉氏は、障害者を受け入れるうえで理解しておきたいこととして、

①健常者と比べて、劣等感や区別された感を持ちやすい

②障害者のバックグラウンドや置かれた環境を理解し、まず相手を認める

③障害者自身が、自分の障害を受容する過程の中で、自己の能力や適性を理解し成長することができる

という三点を挙げています。企業側が障害者を理解し受け入れると同時に、障害者自身も仕事の中で「障害を受容する過程」を通じて自分をさらに成長させていく、このような関係をお互いが築いていくのが障害者のダイバーシティを考えるうえでの理想的な姿です。

(3) 障害者と共に働くためのヒント

障害には様々なものがあり、その種類によって必要な配慮やコミュニケーションのポイントにも違いがあります(表3・6)。また障害の程度によっても変わってきますので、最初にどのようなことが必要か、率直に本人に聴くとよいでしょう。また、たとえ障害者であっても、一人の社員として、仕事上のミスや不注意についてはきちんと指摘する

表 3.6　障害別必要な配慮とコミュニケーションのポイント

	必要な配慮	コミュニケーションのポイント
視覚障害者	• 困っているように見えるときは声をかけてみる．必要以上に手を貸さないことも大事 • 初めて歩く場所や危険を伴う場所を歩くときは声がけ，誘導を行う • 誘導はどのようにするか本人にきく，手を引っ張ったりするのは避ける	• 場所やものの位置を伝えるときは，「ここ」，「そこ」などの抽象的な言葉を避け，左，右，前，後の方向や，あと何歩，何メートルの距離などイメージしやすいように伝える • 挨拶や立ち去るときは必ず名前を名乗ったり一声かける • 時計の位置（10 時の位置，3 時の位置など）がわかりやすい
聴覚障害者	• 会議など複数の人がいる場合，全員が見渡せる場所に座ってもらう • 危険回避のサイレンや音等は，筆談や身振り手振りで伝える • 講演会などではできるだけ手話通訳などをつけるようにする • 後ろから話しかけても聞こえないため必ず正面から話しかける	• 肩をたたいて呼びかけたり，正面から口を大きくはっきりあけて話しかける • 筆談や空書き（空中や手のひらに書く）を使ったり，身振り手振りを大きくしてわかりやすくする • 発言する前は手を挙げる • 本人と決めたサイン，カードや色の区別なども有効

表 3.6 （続き）

	必要な配慮	コミュニケーションのポイント
肢体障害者	• 職場の通路や導線，机の配置など，移動しやすい，使いやすいレイアウトにする • 補装具（失われた身体の一部，あるいは機能を補完するもの，車いす，義手・義足，杖など）の使用などで体への負担がある場合，勤務時間，休憩時間などに配慮する • 車いす，オストメイト使用者用トイレ，休憩場所，温度調整への配慮など	• どのような手助けが必要かは様々なので，相手の決定権を尊重し，「○○しましょうか」と尋ねる • 車いすを押すとき，進行方向を変更するときなどは事前に声をかけたり，急なスロープは後ろ向きで降りたりする
知的障害者	• 文章を正しく理解したり，数字を読み取ることが苦手な人がいるため，わかりやすい工夫をする（段階的指示，ステップチェックなど） • まずはやってみせて，次に一緒にやるというようにゆっくりと学習を支援する	• 言葉と同時に身振りや図，絵，数字などを用いる •「体調はどう？」などの漠然とした聞き方ではなく，「今日は早退しますか．1日がんばれますか」のように具体的に選択しやすいように聞く • 口頭の説明だけでなく，できるだけシンプルにし，色や絵，図などを使用し，目で見てわかるようにする

		・箇条書きにしてできたところを消していくようにする ・生活面（生活リズム）の安定性と作業の安定性がつながっているので，変化が見られたときは家族も含めて対応する．支援機関，支援者との連携を密にする
精神障害者	・長時間勤務などが難しいこともあるため，勤務時間への配慮や，フレックスタイム制や1か月単位の勤務表などを使い柔軟な働き方を考える ・薬の服用などにより眠くなるケースがある	・気分にムラが出やすいため，定期的に相談の時間をとる ・対人関係が苦手だったり，相手の気持ちをくんだり，状況に合わせて振る舞うことが不得手な人がいることを理解する ・相手の能力を信じてできるだけ本人のペースでできることを見守る ・精神保健スタッフの活用，医療機関，支援機関，支援者との連携を深める
内部障害者	・定期的な通院が不可欠なため，勤務時間内の通院への配慮が必要 ・ペースメーカーなど使用する機器によって必要な配慮が異なることを理解する	・障害が見えにくいため，どのような配慮が必要かは本人とよく話す必要がある

ことが必要です。必要以上に遠慮してしまうことは、かえってお互いのためになりません。ただし、個別の配慮は一人ひとりのパーソナリティによるところも大きいため、一概に決めつけてしまわないことも大切です。

(4) 相乗効果のある障害者雇用を

ダイバーシティの一環として障害者雇用に取り組むということは、障害をその人のもつ個性の一つとしてとらえ、「できないこと」ではなく「できること」に焦点を当て、活かしていくことでもあります。「よくがんばったね」と子ども扱いをされたり、「障害があるからこの作業は無理、この程度でよいだろう」などと最初から能力を限定されては、やる気も出ないというものです。社員の7割以上が知的障害者であるN社では、導線をわかりやすくするよう色分けしたり、言葉ではなくイラストや絵文字を使用して理解が進むように工夫しています。また、視覚障害者や車いすを使用する肢体障害者を採用しているF社では、配属先の席を入り口に近いところに用意し、トイレや更衣室、給茶機、エレベーターなど、日常的な移動がなるべく直線的になるよう他の机や設備の位置を工夫しました。加えて、安全確保の観点から、通路は1・5m幅を確保し、すべり止めを使用したりセンサー反応の自動扉の設置を行いました。さらに、「障害者支援委員会」をつくり、健常者も一緒になって共に働くうえでどのようなことが必要かを定期的に話し合っています。

前出の矢辺氏は、障害のある人が求めている職場環境には、次の３点が必要であると述べています。

①障害への配慮があること

（それぞれのもつ個別の状況に合わせた配慮があることは、年収などの採用条件と同じくらい重要です。）

②障害があっても同じように接してくれること

（社内イベントや研修などが区別なく受けられる、お昼や休憩時間に声をかけてもらえるなど、働く仲間として受け入れられている、仕事のうえで必要とされている実感をもちたいのです。）

③人間関係が良好な職場であること

（そうは言っても健常者とはやはり違うことも多く、悩みを相談できる、自由に発言できる雰囲気があることはとても大切です。）

一方で、障害者を受け入れる側の職場も次のようなことに留意する必要があります。

- 障害があるために不安や不便に思っている労働環境や労働条件について理解し、配慮する
- 共に働く仲間は特に重要となるため、環境に慣れるまでは一緒に仕事をする上司や同僚は固定する
- 業務を細分化し切り出した業務について、それを得意とする障害者に集中させる
- 「できる」と期待し、要望し、成果を正当に評価する

これらのことを職場で浸透させるために、自社のビジネスに精通するとともに、障害に対する一定の知識をもち、障害者の適性に応じた配置ができる管理職やスタッフを育てることが必要です。

障害者雇用に積極的に取り組んでいる組織に共通していることは、「障害のある人にも活躍してもらうことで組織も成長・発展する」という意識で取り組んでいることです。共に働く職場の仲間にとっても、障害をもつ同僚の存在が負担になったり、気を遣いすぎて逆に作業に支障が生じたり、滞ったりしてしまっては意味がありません。また、企業経営は慈善事業ではありませんので、障害者といえどもしっかりと価値を出してもらわなければなりません。「合理的な配慮」はするけれど、決して特別扱いはしない。目

標を達成した人にはしっかりと昇級や福利厚生で還元するという姿勢を貫いています。だからこそ、障害をもった社員たちは自分も組織の一員として貢献しているという誇りをもって働くことができるのです。

矢辺氏は、障害者手帳の発行枚数から推計すると、実に日本人の18人に１人は障害をもっている計算になると指摘しています。誰もが障害者にならないとは言い切れないのが現実なのです。障害のある人に活躍してもらえる職場づくりは、障害者本人のためだけでなく、自分自身のためであり、ひいては家族、社会のためとも考えられます。

障害者がやりがいをもって楽しく働ける職場は、健常者もまた楽しく働ける職場であるということを、改めて考えていきましょう。

＊３・４節は、よりよく生きるプロジェクト代表取締役の矢辺卓哉氏にご協力いただきました。
非営利株式会社よりよく生きるプロジェクト　http://yyip.co.jp/

3・5　多様な働き方とダイバーシティ

働き方の多様化を組織の観点から整理してみると、大きく二つの課題があります。一つは、組織の中の勤務形態の多様化です。かつては会社の指示で全国どこでも転勤し、時間を気にせず長時間労働、休日出勤をも厭わず黙々と働く、という社員が組織の多数派を占めていました。「仕事内容も、勤務地も、勤務時間も気にせず会社中心に働く」、これが伝統的な正社員モデルだとすると、現在ではその枠組みに入れない人、はじき出された人、あるいは入りたくないという人々がどんどん増えています。また労働集約型から知識集約型へと企業のビジネスモデルが変化する中で、長時間労働を是とした働き方そのものが、必ずしも組織の成長や成果につながらないことも明らかになってきており、このような正社員モデルはもはや限界に来ていると言えるでしょう。だからこそ、短時間勤務やフレックスタイム制、在宅勤務、ワークシェアリングなど社員の価値観やビジネスモデルの変化に合わせた勤務形態が必要になってきたのです。

そして二つめは雇用形態の多様化です。サービス業や工場など生産の現場では、正社員よりもパート従業員や派遣社員、協力会社の社員など、非正規社員の方が圧倒的に多い職場も珍しくありません。このように雇用形態が複雑になってくると、フルタイムで時間を気にせず働く社員を前提につくられた制度や仕組み、マネジメントを続けていてもうまくいくはずがありません。多様な働き方を理解し、それを活かすにはどうすればよいか、真剣に考えるべき時期が来ています。

（1）勤務形態の多様化

①制約社員を活かす組織が伸びる組織

学習院大学教授の今野浩一郎氏は、「正社員消滅時代の人事改革」の中で、「今後は、制約社員が多数派に、無制約社員が少数派になるだろう。その中で、社員の求める働き方も様々な制約と両立できる働き方へと変化し、人事管理はそれに合わせて再編される必要性が高まる」としています[12]。

「無制約社員」とは、働く場所、時間、仕事について制約がなく、会社の指示や業務上の都合に合わせて勤務場所や時間、業務内容を柔軟に変えることのできる社員を指します。一方、働く場所、時間あるいは仕事について何らかの制約をもつ社員を「制約社員」といいます。

組織の中には多様な制約社員が働いています。家事・育児との両立から時間を意識する必要のある社員は「時間制約」があり、転居を伴う移動が困難な事情をかかえた社員は「場所制約」があります。障害をもつ社員はその障害の内容によって、仕事の面でできること・できないことがあるため「労働機能制約」があると言えます。また、これまで家庭のことを妻に任せ仕事一筋に働いてきた男性社員も、中高年になり親の介護によって短時間勤務を選択したり、早期退職をせざるを得なくなるなどの話も聞かれるようになりました。

このように制約をもつ社員にも様々なケースがあり、「制約のある社員」とひとくくりにできない難しさがありますが、この動きはもう止められない潮流になりつつあります。これまでのような無制約社員を基本とした人事管理や働き方を見直さない限り、組織に未来はないでしょう。制約社員の存在を前提に、どのような制約があろうともその社員のもつ能力を最大限に引き出せるようなマネジメントが必要となります。

②制約社員を活かすヒントは「柔軟性」にあり

制約がある人の力を最大限に引き出すキーワードは「柔軟性」にあります。働く場所や時間、働き方の自由度が高いこと、仕事の進め方に裁量権があることは、選択の幅を広げ、自分の制約に合わせて仕事に取り組むことが可能になります。代表的な勤務形態には次のようなものがあります。

- 短時間勤務
- フレックスタイム制
- 在宅勤務
- ワークシェアリング
- 地域限定勤務
- 再雇用制度
- サテライト・オフィス勤務
- フリーアドレス制

このような制度は、それまで「制約があるから」とキャリアをあきらめたり、十分に能力を発揮できなかった人にとって非常に効果があるものです。また、制約社員だけではなく、組織の枠を超えて自律的に働きたいという起業家的な視点をもった社員にとっても魅力的な働き方と言えます。個々人の多様性を活かすために、これまでの一元的な人事制度から、多元的な人事制度へと、組織の人事管理制度も柔軟に変化していくことが求められています。

（2） 雇用形態の多様化

①雇用形態の違いを「身分」にしてはならない

正社員中心だった雇用構造が大きく変化し始めたのは、1990年代中頃のことです。そのきっかけをつくったのは、1995年に日経連が発表した「新時代の『日本的経営』」でしょう。

ここでは、労働者を「長期蓄積能力活用型」、「高度専門能力活用型」、「雇用柔軟型」の三つのタイプに分類し、それらの組合せによる雇用管理を打ち出しました。このねらいは、長期雇用とフレキシブルな雇用とを組み合わせることで、変化に柔軟に対応していこうというところにありました。

それにより、雇用形態の多様化は急速に進み、もはや非正規社員なしには成り立たないところまで来ています。現在では雇用者に占める非正規社員の割合は35・2%となっています。特に女性は54・5%であり、雇用されて働く女性の2人に1人は非正規社員ということになります。

非正規社員化は、確かに企業に大きな成果をもたらしました。景気の変動に合わせた雇用管理が可能となり、正社員の業務を専門性のある高度な仕事に特化し、スピードを早め生産性を高めることができるようになりました。

その一方で、様々な問題も出てきています。最も大きいのは正社員と非正規社員の賃金格差でしょう。同じような仕事をしていても、非正規社員の収入は正社員のそれにははるかに及びません。また、正社員を前提としてつくられた雇用関連の様々なルールや仕組みはそのまま維持されており、非正規社員は様々な形で排除・区別され、疎外感を味わうことになりました。

企業が賃金の安さのみを求めて雇用の流動化を推し進めた結果、正社員と非正規社員の間に、社会的身分の差を生み出してしまったとも言えます。

だからこそ、非正規社員の意欲を引き出し貢献してもらうためには、そのマネジメントが重要となるのです。

②非正規社員の特徴とマネジメントのポイント

正社員は基本的に雇用が守られているため、会社との信頼関係や基盤が非正規社員よりも強く、多少職場に不満や不安があったとしても、それがすぐに退社や転職ということにはなりづらい傾向にあります。一方、非正規社員の場合は、職場環境やマネジメントの質がそのまま退職や転職といった行動につながりやすくなります。正社員の中には、非正規社員に平気で契約内容以外の業務を依頼したり、職場の懇親会やイベントに参加させない、名前ではなく「派遣さん」などと呼ぶ、明らかに差別的な態度で接する、といった非常識な行動をする人も見られます。このような言動が、彼／彼女たちの意欲を減少させていることに敏感になる必要があります。雇用・労働問題に詳しい、リクルートワークス研究所所長の大久保幸夫氏は、非正規社員の特徴を次の五つで説明していま す[13]。ここでいう非正規社員とは主に、パート・アルバイト、派遣社員などをイメージしています。

〈非正規社員の特徴（文献[13]を参考に筆者作成）**〉**

1. 能力範囲の限定
自分の能力範囲を限定的にとらえる傾向が強く、成長を前提とした仕事を期待してもうまくいかない
2. 権限委譲の忌避
権限委譲が意欲向上に結びつかず、むしろ責任転嫁と感じてしまう傾向がある
3. 変化や不確実性への対応力の弱さ

変化や不確実性に対する対応に慣れておらず、状況に応じて判断しながら仕事を進めることが苦手である

4．仕事における我慢強さの欠如

正社員に比べ労働そのものの優先順位が低い場合があり、仕事だから我慢するという意識が低い

5．ゴールイメージの重要性

仕事の目的よりもゴールを明確に示すことを好む

非正規社員の動機づけの要因は正社員に比べると多様性に富んでいます。必ずしも給与やポスト、業務のやりがいが動機づけにならないこともあり、そのマネジメントは正社員以上に難しい面があります。大久保氏は、非正規社員をマネジメントするために必要なスキルとして、①疎外感が強いためコミュニケーションをより密にすること、②職務の割り当てを明確にし、仕事の技術を丁寧に教えること、③仕事のゴールを明確にし、正当に評価することなどが重要であるとしています[14]。正社員をマネジメントする以上に本質的なスキルが必要とされているのです。

（3）働き方が変わる時代の人材マネジメントとは

働く人の価値観やライフスタイルが大きく変化する中で、社員の希望する働き方はどんどん複雑になっています。一方、長く続いてきた「正社員中心」の雇用形態は終わりを告げ、日本的雇用慣行に基づいた「標準的な働き方」そのものが変化し始めています。働く個人と組織の新しい関係が始まろうとする今、企業における人材マネジメントは多様性を理解し、活かす発想が必要になります。一方、個人の側も企業に依存するのではなく、自律的に自分のキャリアを考え、働き方を選び取っていく姿勢が重要となります。多様な働き方を考えることは、個人と組織の双方が共存できる新しい働き方をつくり出すことにもつながっていくのです。

3・6　組織の統合とダイバーシティ

（1）ダイバーシティはM＆Aの効果を最大限にする

近年、日本企業のM＆A（企業の合併・買収）が活発化しています。２０１２年の日本企業の海外M＆Aは過去最高となり、国内再編の動きも加速しています。実は企業間のＭ＆Ａをきっかけとして、ダイバーシティ推進に取り組み始める企業は少なくありません。

通常、Ｍ＆Ａでは、異なる企業文化や社風、人事制度、基幹システム、事業拠点、経営戦略などをうまく融合できなければ、期待される相乗効果や投資効果が得られず、企業価値を損なうことにもなりかねません。統合プロセスには、理念・戦略やマネジメントフレームの統合である「経営統合」、業務・インフラや人材・組織・拠点の統合である「業務統合」、企業文化や社風の統合である「意識統合」の三段階があります。

中でも、最も難しいのが業務統合における人材面の統合です。Ｍ＆Ａが成功するかどうかは、人材資源の有効活用や能力発揮が適切にできるかどうかにかかっているといっても過言ではありません。異なる文化背景、バックグラウンド、習慣などをもつ組織同士がスピード感をもって協働していくためには、多様な価値観、志向、行動特性をもつ人々の意識をすりあわせ、目指すべきビジョンを共有し、一つの方向にベクトルを合わせて統合するという作業が必要です。「旧○○はこうだった」とか「やっぱり○○の人は考え方が違う」などの発言がいつまでも続くようでは、相乗効果を期待することは難しいでしょう。Ｍ＆Ａはある意味「異文化の融合」でもあり、新しい文化をつくり出そうというくらいの気概が必要なのです。そのためには、経営戦略の中にしっかりとダイバーシティ・マネジメントを位置づける必要があります。

（2）ダイバーシティを推進力に変えた企業

M＆Aにおける企業統合とダイバーシティ推進が最も相乗効果を発揮したのは、2005年に山之内製薬と藤沢薬品が合併して誕生したアステラス製薬でしょう。同社では新たな企業文化を構築するという強い決意のもと、双方が旧社のこだわりを捨て発足時に社名を一新し、「先端・信頼の医薬で世界の人々の健康に貢献する」という経営理念のもと、ミッションに掲げた「企業価値の持続的向上」の実現に向けて、人材価値の向上に取り組みました。「統合7原則」の中では「人事は能力に基づき、公正にして適材適所に徹すること」を掲げ、人材の統合を図ってきました。新たな人材像として掲げた①スピード、②変革力、③専門力、④ネットワーク力という四つのキーワードを実現するために人事・賃金制度を大胆に改革しました。そして、ダイバーシティ推進を重要な経営課題の一つとして位置づけ、その推進に力を入れたのです。

2007年に部門横断プロジェクトとして「WINDプロジェクト」を発足、2008年にはダイバーシティ推進室を立ち上げ、2015年に目指すアステラスの姿

（VISION2015）の実現に向けて、意識・行動を変革する「チェンジマネジメント」と制度・仕組み改革の「枠組み改革」を同時に進行させ、ロードマップに沿って着実に実践を重ねています。この取組みの成果は、２００９年ワークライフバランス大賞受賞、２０１２年にJ-Winダイバーシティアワード受賞、２０１３年「メンター・アワード２０１３」優秀賞など数々の表彰実績として現れています。

Ｍ＆Ａは単に企業規模や事業規模の拡大だけを意味するのではなく、互いの個性や強みから学び、新しい強みを生み出すチャンスでもあります。Ｍ＆Ａ後の組織統合においては、ハード面の統合と同時にソフト面の統合が重要であり、両者の人材の多様性を認知・理解し、個別かつ適切にマネジメントする仕組みを早期に整える必要があります。多様性を尊重しその強みを力に変えるというダイバーシティ・マネジメントは、ソフト面での統合スピードを早め、統合のシナジー（相乗効果）を早期につくり出します。ダイバーシティ推進は持続的な成長のための基盤であり、Ｍ＆Ａの効果を最大限にするために不可欠なものであると言えるでしょう。

3・7　LGBT（性的少数者）とダイバーシティ

（1）かつてなく関心が高まるLGBTへの取組み

LGBTとは、レズビアン（女性同性愛者）、ゲイ（男性同性愛者）、バイ・セクシュアル（両性愛者）、トランスジェンダー（性同一性障害者等の性別越境者）の頭文字を取った性的少数者（セクシュアル・マイノリティ）の総称です。また、個々人の性の在り方（セクシュアリティ）は、①身体の性、②心の性、③好きになる性の組合せでできているので、実際にはLGBT以外にもさらに多様な在り方があります。

ダイバーシティの領域の中でも最も対応の遅れているLGBTへの取組みですが、ここ数年、LGBTへの関心の高まりを予感させる出来事が続いています。

一つは、2012年の米国大統領就任演説において、オバマ氏が歴代の大統領として初めて同性婚を支持するコメントをしたことです。同性間のパートナーシップを法的に保証する流れは世界的な傾向であり、2013年6月現在で12か国、ニュージーランドとウルグアイで年内に法案が成立すれば、14か国が同性婚を法的に認めることになります。また、「LGBT市場の優位性」にも関心がもたれ始めています。2012年、電通総研は初めて国内のＬＧＢＴに関する大規模な消費動向調査を実施しました。その結果、日本でのＬＧＢＴ市場は５・７兆円と試算されており、安定した仕事をもつゲイ男性等を新たな富裕層とした市場の可能性が示唆されています。そして、２０１３年３月には、女性同士の同性婚が、東京ディズニーシーで人前婚として行われました。経済誌やメディアがＬＧＢＴの特集を組むなど、ビジネスの世界でも注目されるようになりました。

(2) 雇用の場ではいまだにタブー視

このように社会的な関心が高まりつつあるＬＧＢＴですが、働く場での状況はまだまだ厳しいものがあります。ダイバーシティの対象の中にＬＧＢＴを含めている企業はほとんどなく、職場の差別禁止規定に性的指向についての内容が入っている企業はごくわずかです。職場では、性的少数者をからかったり差別したりするような言動が無意識のうちに行われていることも少なくありません。労働組合や産業医、人事担当者等も正しい知識をもっていないことが多く、福利厚生などの制度を利用しにくい現状もあります。

しかし、統計上は、20～30人の職場があれば、そのうち１人はＬＧＢＴ当事者がいるとされています。あなたの職場にも、誰にも相談できず、悩み傷ついている人がいるかもしれないのです。

（3）企業がＬＧＢＴに取り組むメリット

性的少数者が生き生きと働ける職場を目指して活動している、虹色ダイバーシティ代表の村木真紀氏は、性的少数者の話は、職場で話すことが不適切な「性的な」話題ではないと強調しています。ＬＧＢＴについて考えることは、従業員の生産性を上げ、モチベーションを高め、メンタルヘルスを改善し、可能性を引き出す人事戦略であり、企業の成長・発展につながる重要な問題なのです。

さらに、企業がＬＧＢＴ問題に取り組むメリットとして、次の五つを挙げています。

1. プロダクティビティ（Productivity）
　ＬＧＢＴの社員がストレスや緊張を強いられずに仕事に打ち込めるようになり、生産性が向上する
2. リスペクト（Respect）
　先進的な企業というイメージを構築することで人材獲得やＣＳＲなどに役立つ
3. マーケット（Market）
　ＬＧＢＴ市場から好感を得ることができる。日本だけで5・7兆円といわれる市

場開拓の契機になる

4．ソーシャルライフ（Social Life）

社員が職場外で性的少数者に出会ったとき適切に対処できるようになるため、組織のイメージアップにつながる

5．ビーユアセルフ（Be Yourself）

「個々の従業員の在り方を尊重する」というメッセージを社内外に発信できる

（4）ＬＧＢＴへの具体的な取組み状況

現時点で、ダイバーシティの視点でＬＧＢＴへの対応を行っている企業はごくわずかです。その中でも野村證券を中心とした野村グループの取組みは注目に値します。同グループでは、２０１２年にグループの役員及び社員が遵守すべき倫理規定に、性的指向、性同一性を明記しました。同時に、社内に「ＬＧＢＴネットワーク」を設立し、社員に向けて情報を発信しています。このほか「ＨＩＶ感染症」についても、２００６年に既存のガイドラインを「ＨＩＶ感染者についての基本方針」として改訂し、差別・偏見をなくし人権保護に一層努力することを明記しています。また資生堂は、社員の行動基準に多様性の尊重を掲げていることに加え、人権を尊重する取引先と取引を行うことを宣

言しており、またその文中には性的指向による差別も行わないことを明記しています。ソニーでは、グループの社内外コンテンツ制作担当者向けにＬＧＢＴ研修を実施しています。

２０１３年に虹色ダイバーシティが行った「ＬＧＢＴと職場環境に関するアンケート調査」によると、ＬＧＢＴ当事者が望むＬＧＢＴ施策として最も要望が高かったのは「同性パートナーへの福利厚生の適用」と「差別禁止の明文化」でした。

ＬＧＢＴについては、企業の人事担当者も管理職もまだまだ「ＬＧＢＴ？ 知らないし、わからない。うちの企業には関係ない」と考えている人が多く、ダイバーシティとしての取組みはこれからです。しかし、ダイバーシティを推進する以上、ＬＧＢＴは放置してよいテーマではありません。まずはＬＧＢＴについて知る、理解することからスタートすることが重要でしょう。

＊３・７節は、虹色ダイバーシティ代表村木真紀氏にご協力いただきました。
虹色ダイバーシティ　http://www.nijiirodiversity.jp/

3・8　根底にあるのは価値観の多様性を活かすこと

（1）知のシナジーは表現される意見・見解の多様性から生まれる

この章では、ダイバーシティの属性ごとの課題や特徴、そして基本的な考え方などを紹介してきました。それぞれに個別の課題がありますが、共通している点もたくさんあります。また、一人の人間は複数の属性をもち、その多様性も時間とともに変化していきます。例えば、ばりばり働いている男性も家族の介護で思うように働けない状況になることもあるでしょうし、派遣社員から正社員に登用されることもあるでしょう。そのような「個」を受容し、活かしていこうという視点でお互いがかかわり合うことが必要です。

しかし、気をつけなければならないのは、単に「個」の多様性が尊重されるだけでは、組織の成果や成長にはつながらないということです。外資系人事・組織コンサルタント会社であるマーサージャパンは、著書の「個を活かすダイバーシティ戦略」の中で「オピニオン・ダイバーシティ」の重要性を説いています。自由闊達な雰囲気の中で、立場や役割を越えて意見や見解が表明され活かされている状態、それこそが、組織や集団としての知のシナジーを生み出すものだとしています[15]（図３・７）。

日本人は、概して自分の意見を言うことをためらう傾向にあります。特に上下関係を気にしたり、場の空気を読んで発言を控えたりすることも多く、せっかくよい意見やアイデアがあってもそれが表明されなければ意味がありません。立場を超えて自由闊達な議論があちらこちらで自然に行われ、そこから新たな知恵やアイデア、解決策が生み出され行動に移されている組織、そのような「オピニオン・ダイバーシティ」が保証された組織であることが、個人の多様性を組織の成果につなげるカギとなるのです。

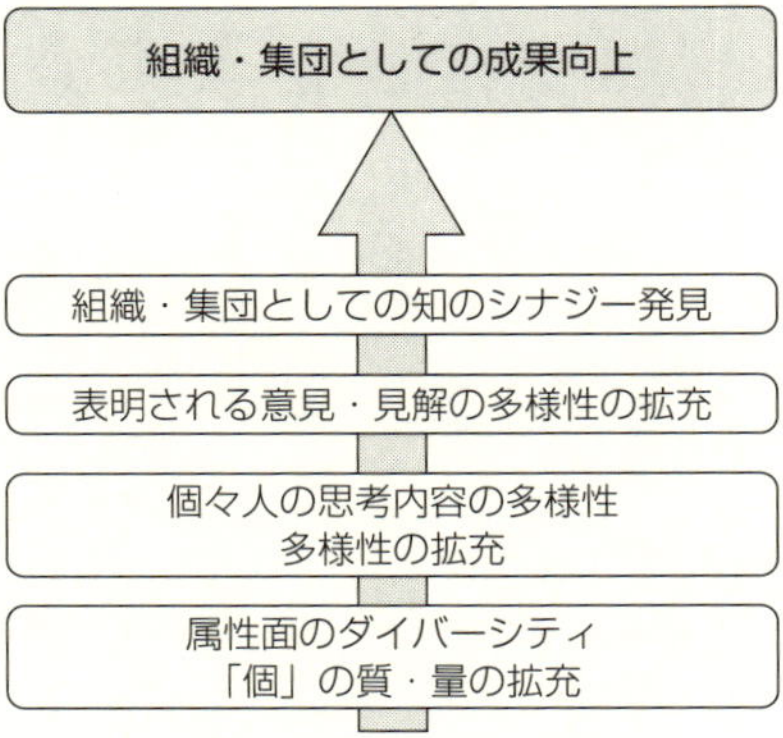

図 3.7 多様性の効果連鎖における「オピニオン・ダイバーシティ」の重要性

［出典：マーサー・ジャパン「個を活かすダイバーシティ戦略」(2008, ファーストプレス) p.199］

（２）根底にあるのは価値観の多様性を活かすこと

①意見・見解をつくり出しているプロセスに注目しよう

ここで、「表明された意見・見解をつくり出しているものは何か」という点について考えてみましょう。表面に見えているその人の意見や考えの下には、実は目に見えないその人の価値観が隠されています。相手の主張していることだけに注意を払っていても、価値観レベルまで深く探っていかなければ、本当に理解したとは言えません。

元フィンランド外交官で対話教育に力を入れている北川達夫氏は、異なる人同士が互いを尊重し認め合うためには、第一段階として、お互いの「価値観」を理解すること、第二段階としてどのような「発想・思考」をしているかを知ること、第三段階として「主張」意見の表明に耳を傾けること、という三つのプロセスが必要であるとしています。

お互いの異なる点と共通点を把握し、異なる点について相手の正当性を認めることができれば、二項対立的な不毛な論争から逃れることができるでしょう。仮に相手の正当性が納得できなくとも、このようなプロセスを踏むことで相手の発想や主張、さらには相手がどのような価値観から意見を述べているかを理解することができます。そうすることで、感情的な対立を乗り越えて相手と対話することが可能となります。相手の意見

二項対立から対話へ

主張
発想・思考
価値観
メンタルモデル
開発すべきでない
VS
開発すべき
少々の不便は我慢すべき
生活の利便性のために開発は必要
美しい自然を残したい派
不便な人を助けたい派
思いは同じ

を正しく理解するためには、それぞれの「価値観」、「発想・思考」と「主張」について、段階的に検証していく必要があります。

②多様な価値観を認め、活かすために

多様な価値観を活かすうえで、考えておきたいポイントがあります。

「多様な価値観や考え方を尊重しよう」というと、「わがままをきいたり、相手の言いなりになることにつながるのではないか」という疑問を抱いたり、「自分と相手は違うのだから話し合っても無駄。自分は自分、それぞれ勝手にやればいい」、あるいは「多様性を受け入れるということは、どんな相手でも好きにならないといけないのか」などととらえる人がいますが、決してそんなことはありません。多様性を受容することは、自分の価値観を捨てて相手と同じになることでも、まして相手を絶対受け入れるべきと強制するものでもありません。

受容とは、自分の価値観を大事にしつつ、相手の価値観も尊重することです。異なる価値観を理解することで、相手に対する尊重や思いやりをもつ気持ちが生まれ、相互支援が可能となります。

また、多様な人がいるからこそ、組織としてのビジョンを共有することが重要となり

ます。「ビジョン」とは、企業としてのあるべき未来像が社員の共感を得られる形で表現されたものです。一人ひとりがお互いのもつ個人のビジョンを共有し、組織全体のビジョンと照らし合わせることで、同じ方向を目指すことが可能となります。ダイバーシティ・マネジメントにおいては、一方的な押しつけや指示命令ではなく、個々人の属性やニーズを尊重しつつも、組織としてのビジョンや価値観を共有し、そこに向けて力を合わせることが重要なのです。

第4章　経営戦略としてのダイバーシティ

4・1　ダイバーシティの経営効果

（1）ダイバーシティの経営効果を確信するトップたち

実際のところ、ダイバーシティが経営にどのような効果をもたらすのか、どの程度企業の業績や利益に影響を与えるのか、その因果関係を証明するのはなかなか困難です。それだけで業績が上がるほど、組織は単純なものではありませんし、メリットや効果が明らかでないものに消極的になるのもまた当然です。しかし最終的にダイバーシティの目指すところが組織の成長や発展である以上、少なくともこれらの間に相関関係があることや具体的な成功事例を提示する必要があるでしょう。

ダイバーシティによる経営効果を一番感じているのは、その企業のトップではないでしょうか。経営層がダイバーシティの可能性や効果を確信していない場合、いくら組織としてダイバーシティを謳っていても、残念ながらその効果は期待できません。トップの本気度が様々な困難を乗り越えるよりどころになるからです。ダイバーシティに本気で取り組んでいる企業はその点が明確です。

１９８０年代後半から創業以来初の赤字経営に陥ったＩＢＭにルイス・ガースナー氏

が着任したのは１９９３年です。ガースナー氏は、すぐにダイバーシティを重要な経営戦略の一つとして位置づけ、その積極的な推進を宣言しました。「ダイバーシティを推進することで、社員の能力を十分発揮できる環境や仕組み、企業文化を整え、イノベーティブなアイデアや新しいプロセスが実現し、新しい市場を開拓することができる」という信念のもと、より大きなマーケット開拓につなげていきました。多様化する顧客や市場に合わせて社員の多様性を活かし、その感性や視点までをも多様化させ経営資源としたのです。その後の様々なダイバーシティ施策は、ＩＢＭが復活を遂げるうえで重要な役割を果たしました。

また１９９９年、危機に陥った日産自動車に着任したカルロス・ゴーン氏も同様に、２００４年からダイバーシティを強力に推進しました。筆者は２００４年に日産本社で開かれたダイバーシティのキックオフフォーラムに招かれ、直接ゴーン氏からダイバーシティ推進について話を聞く機会がありましたが、それはとてもシンプルで力強いメッセージでした。印象に残っているのは次のような言葉です。

• 組織は社会（市場）を写す鏡である。社会（市場）が多様化しているのに、組織の中だけが多様化していない状態は不自然である

・顧客の価値観が多様化する現代において、多様性のある社員をもつことは、企業にとって大変な強みとなる
・変化に対応していくのか、変化を引き起こしていくのか。日産は（ダイバーシティを推進することで）変化を引き起こしていくことを選択した

その中でも特に強調していたのは、女性の登用です。「車の購入決定権の6割に女性が何らかの関与をしているのに、車をつくる側、売る側に男性しかいないのは不自然」との強い現状への危惧から、2007年度末までに女性管理職比率を1・6％から5％に上げることを明言しました。女性社員の幹部登用については「『いかに早く育てるか』ではなく『いかに効果的に育てるか』が重要であり、目標を達成するために様々な準備をしている。『女性の登用のための登用』ではなく、障壁をなくし、平等を確保するという事実が重要である」と述べています。

「変化を引き起こしていく」という言葉に象徴されているように、まさしくダイバーシティ推進は日産が業界の中で競争優位に立つために不可欠な戦略だったのです。

（2）イノベーションを生むダイバーシティの力

さらに、今最も企業に求められている「イノベーション」とダイバーシティのかかわ

りについて考えてみましょう。イノベーションを起こしやすい組織の条件には二つの要素があると言われています。一つは「深い関係性」、そしてもう一つが「高い多様性」です。

コロンビア大学教授のデヴィッド・スターク氏は著書の「多様性とイノベーション」において、いくつもの事例を示しながら、多様な人達が引き起こす創造的な摩擦(不協和音)こそが、新たなイノベーションにつながると説いています[16]。「組織が多様性を失うことは、変化する環境に適応するための情報を喪失することを意味する。環境の条件が変化するとき、組織の多様性に富んだシステムほど、

満足できる解決策が手の内にある可能性がある」、つまり、組織が多様性を失ってしまうことこそが問題なのです。

また、一橋大学大学院教授の石倉洋子氏は、「DIAMONDハーバード・ビジネス・レビュー」2008年6月号において、ダイバーシティはイノベーションの必要条件と明言しています[17]。「ICT(情報通信技術)が普及する以前、従来型のイノベーションは、企業内にエンジニアを抱え自己完結的に製品を完成する閉鎖系型(クローズドシステム)が主流だったが、現在は組織や業界の壁を超えたコラボレーションが非常な勢いで広がり、開放系型(オープンシステム)に軸足を移しつつある。このような状況の中で、ダイバーシティは不可欠な要素となっている」。

イノベーションにとって同質化は敵であり、イノベーションの視点から見ると、女性活躍は必然でもあるのです。石倉氏は「女性の異質性は同質化に揺さぶりをかけ、差別化を生み出すのではないか。男性とは『違う』女性を利用しない手はない」と強く主張しています。

組織を運営していくうえで、既存の仕組みを続けていくことは楽でしょう。また一見合理的であるかもしれません。しかしイノベーションの視点で考えると、これは最悪の状況を意味しています。石倉氏は「イノベーションと安定は両立しない。リスクをとらなければ、ある程度失敗が起こることを前提としなければ、イノベーションへの一歩を踏み出すことはできない。（女性活躍推進を）やる前から結論を出し、結局やらない。すなわちそれは組織の怠惰に他ならない」と締めくくっています[17]。拙速に結果を求めずに、長期的な視点で取り組む覚悟と信念をもった企業だけが、その恩恵を受けることができるのです。

4・2　女性活躍推進の経営効果は？

ダイバーシティと経営効果を考える際に、現在のところ最も組織の関心が高く、また調査・研究が進んでいるのが何と言っても女性活躍の分野です。改めてその効果を定性的、定量的に見ていくことにします。

（1）女性活躍の効果は多岐にわたる

①定性的な効果は意欲の向上・積極的な行動に現れる

まず、定性的な効果としては、職場の雰囲気が明るくなる、活発な意見交換が頻繁に行われるといった現場の変化に加え社員満足度や貢献意欲の向上が見られるなど、実際に女性活躍推進に取り組んでいる組織ほど実感しているようです。例えば研修などでも「それまで女性に責任ある仕事を任せて本当に大丈夫かと疑心暗鬼なところがあったが、実際には思った以上にがんばって成果を出してくれた。お客様の評判もよくもっと早くやればよかった。今までもったいないことをした」といった管理職の声をよく聴きます。また女性社員の側も「現状に満足していてチャレンジすることに不安があったが、やればできるという自信がわいた」、「上司が背中を押してくれてうれしかった。この期待に答えられるよう今以上にがんばろうと思った」などの声に代表されるように、意識が変わり積極的に行動する人も増えています。女性活躍推進の取組みが進むほどに、女性社員の会社への貢献意欲や挑戦意欲は確実に向上しています。さらに社内のコミュニケーションも高まることで活発な意見交換が行われる土壌がつくられます。そして、これらの要素が相乗効果を発揮しプラスの循環が始まった企業はたくさんあるのです。

ダイバーシティ・マネジメントは、よく漢方薬に例えられます。短期間の劇的な効果は見られないものの、じっくり取り組むことで確実に健康で強靱な組織体をつくることができるからです。

②定量的な効果は経営指標との相関に現れる

一方、定量的な効果は、２０１２年３月に発表された経済産業省による「企業活力とダイバーシティ推進に関する研究会報告書」（書籍「ダイバーシティと女性活躍の推進」として発行）に詳しく掲載されています[18]。

例えば、過去５年間において女性管理職が増加した企業は、経常利益も高いと回答し、女性管理職増加と経常利益増加を見ると正の相関関係があるとしています（図４・１）。

また、女性活躍に取り組んでいる企業（均等推進企業表彰を受賞した企業）は、株式パフォーマンスがＴＯＰＩＸ平均を上回る水準で安定して上昇する傾向が見られ、株式市場での評価も高いことがわかります（図４・２）。

前出のカタリストによる調査では、女性役員比率の高い企業の方がＲＯＥやＲＯＳ（売上高利益率）、ＲＯＩＣ（投下資本利益率）などの経営指標がよいという傾向が明らかになっています（図４・３）。

このように女性活躍を推進することは、企業の活性化や業績向上、成長にプラスの影響があることは間違いありません。同報告書では、さらに具体的な女性活躍推進による経営効果として次の四つを挙げています[18]。

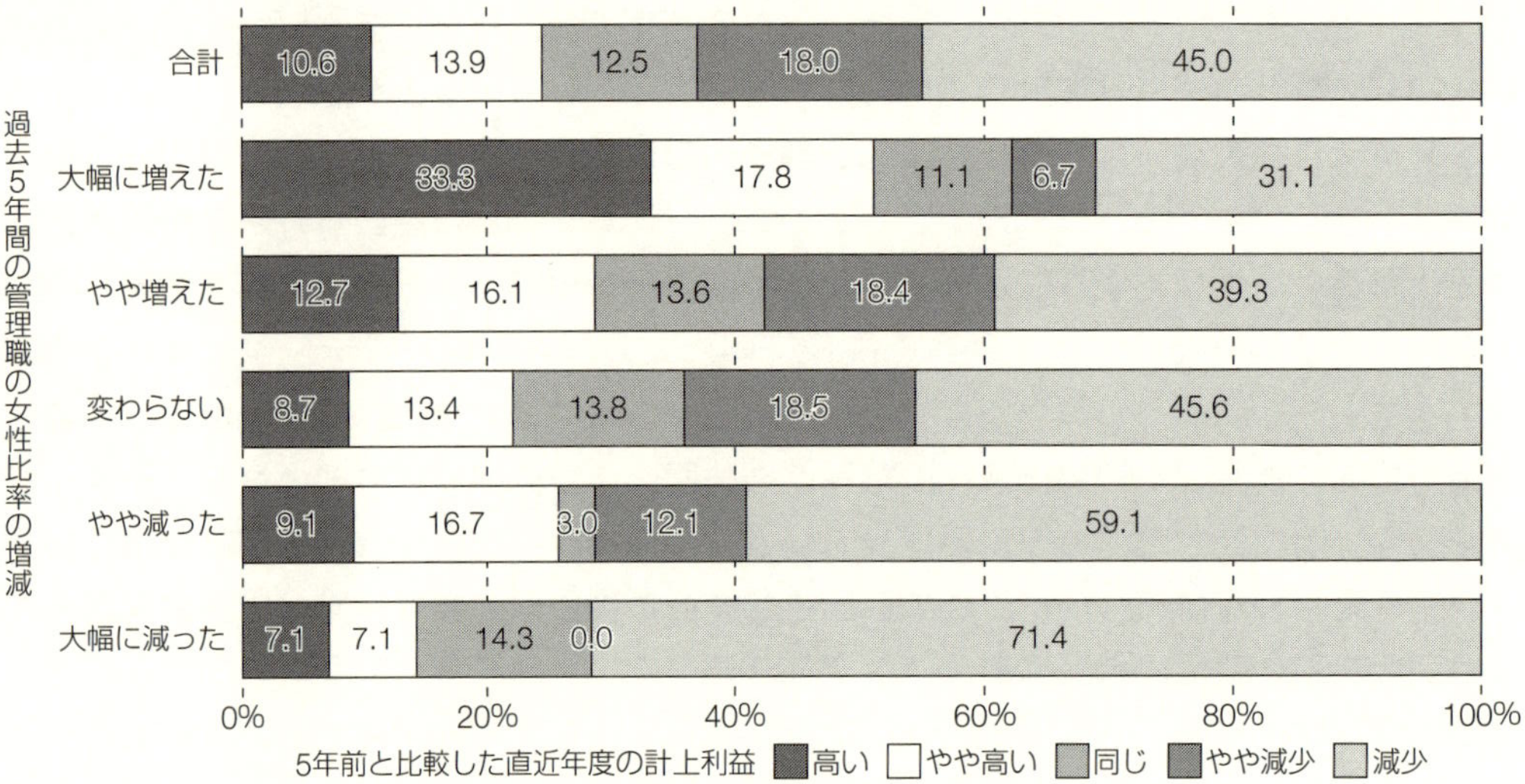

図 4.1　女性管理職比率の増減と企業業績の関係

［出典：「ポジティブ・アクション（女性活躍推進）とセクシュアルハラスメント防止に関するアンケート調査」（みずほ情報総研株式会社，平成 22 年 6 月），厚生労働省委託事業「ポジティブ・アクション展開事業」（平成 22 年度）内で実施］

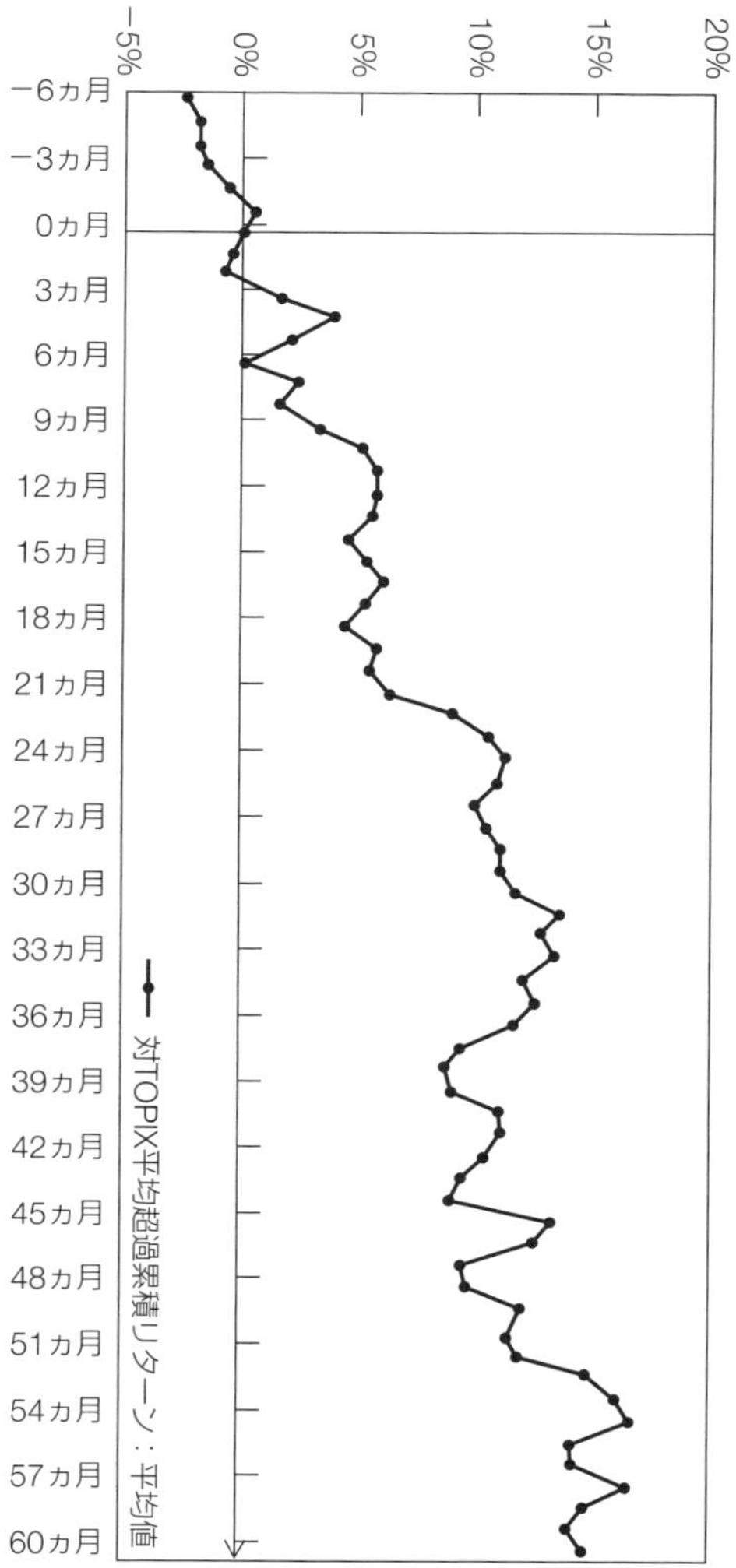

図 4.2　均等推進企業表彰銘柄の対 TOPIX 超過累積リターン（平均値）

注：厚生労働省「均等・両立推進企業表彰（うち，均等推進企業部門及び均等・両立推進企業表彰．平成 18 年度までは均等推進企業表彰）」の受賞企業（表彰月の月末に上場していた 152 企業）及び東証データを元に作成．

［出典：「ダイバーシティと女性活躍の推進～グローバル化時代の人材戦略～」2012 年経済産業省調査］

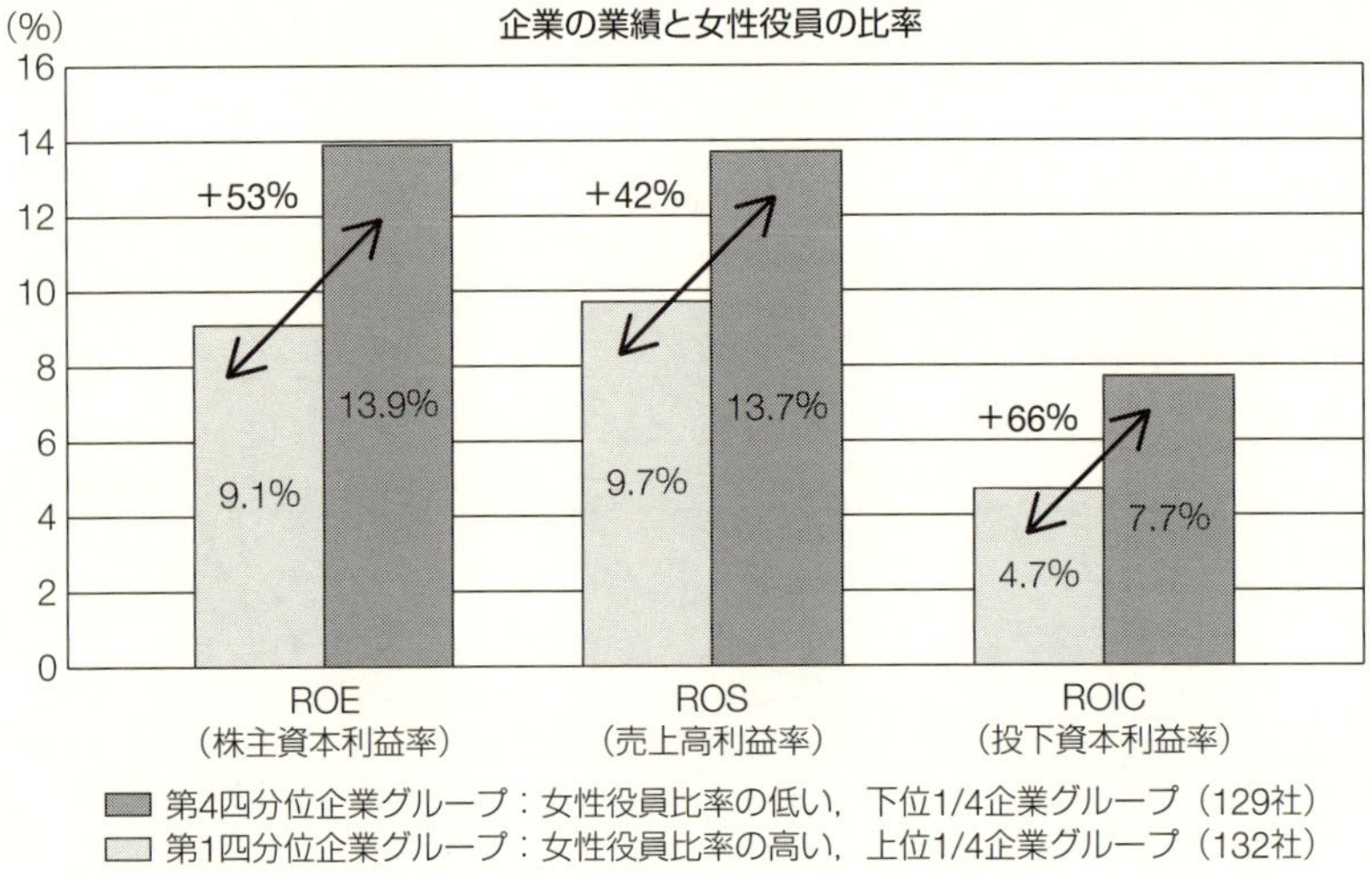

図 4.3　企業の業績と女性役員の比率

注：ROE, ROS, ROIC データは，2001〜2004 年の平均値．役員数は 2001 年及び 2003 年．「フォーチュン 500」企業（520 社）を対象．
［出典：Catalyst "The Bottom Line: Corporate Performance and Women's Representation on Boads" (2007)］

1. 女性の視点・センスを活かした「プロダクトイノベーション」
- 対価を得る対象物（製品・サービス）自体を新たに開発、またはそれに改良を加えるもの

例：女性の視点を積極的に活かした商品開発や品揃えで成功した（ローソン・ナチュラルローソン）。女性のニーズをくみ取った製品開発で市場ニーズに合致した（日産・セレナ、マーチ）。

2. 女性の視点・センスを活かした「プロセスイノベーション」
- 製品・サービスを開発・製造・販売するための手段を新たに開発、またはそれに改良を加えるもの。管理部門の業務効率化を含む

例：補助的業務を中心にしていた女性社員が育休復帰後に復職するポジションとして、海外向けのWEB販売チームを立ち上げ、新たなビジネスチャンスを開拓した［(株)天彦産業］。

3. 「外的評価の向上」による人材確保の優位性
- ダイバーシティ推進に取り組む企業としての認知度が上がり、採用活動におけ

る優位性が高まった。女性社員の活躍が満足度向上につながった

例：女性活躍推により知名度がアップし、7〜8年前は20名程度であった新入社員の応募者が、2000名程度まで増加［(株)天彦産業］。

4．モチベーション向上などの「職場内の効果」

• 従業員のモチベーションやコミットメント（帰属意識や愛着心）の向上といった心理的成果（それらの結果としての勤続年数の伸長、職場生産性の向上等）

例：女性の支店長や所長への登用、中期経営計画に女性社員への期待を盛り込むなど、女性への期待をメッセージとして明確に伝えることで女性社員のモチベーションが上がった（大垣共立銀行）。

(2) 女性が救う日本経済

2011年1月、NHKの情報番組「クローズアップ現代」で「ウーマノミクス（女性経済）が日本を変える」と題した特集が放送され、低迷する日本経済の閉塞感を打ち破る起爆剤として、働く女性たちの活躍に伴う「ウーマノミクス（女性経済）」に焦点を当てたその内容は大きな話題となりました。

ウーマノミクスは、「ウーマン」と「エコノミクス」を合わせた造語で、ゴールドマン・サックス証券のキャシー・松井氏が１９９９年に提唱した概念です。一言で言うと、「女性の活躍によって経済を活性化させよう」という考え方です。松井氏は日本女性の労働参加の特徴であるＭ字型カーブ（女性の労働力率が20代後半から減少し30歳代後半で再び上昇するためこのような名前がついた）に注目し、低い女性労働参加率を先進国並みに上昇したらどれくらいの潜在成長率を押し上げられるか、という視点で分析しました。その結果は、女性の労働力率上昇は、出生率の向上や日本経済の長期的潜在成長を押し上げるというものでしたが、残念ながら当時はあまり注目されませんでした。

しかし、経済分野における女性の位置づけはますます重要になり、もはや無視できない存在になってきました。特に市場における購買決定権、消費や貯蓄における女性の役割は決定的に大きくなっています。世界有数のコンサルティングファームであるボストン・コンサルティンググループは、「世界で働く女性は10億人を超え、世界の消費の64％は女性が支配しており、女性の消費は現在の２０００兆円から数年後には２８００兆円に拡大する」と予測しています[19]。松井氏も、２０１０年に「ウーマノミクス３・０：待ったなし」というレポートを発表していますが、それは、「ウーマノミクスを国の優先課題に据え、女性の就労拡大を促せば、出生率の上昇につながるばかりではなく、就業者数の増加によりＧＤＰの水準は15％押し上げられる可能性がある」というものです[19]。女性活躍推進は、単に一企業の利益にとどまらず、日本経済そのものを活性化させるカギでもあるのです。

4・3　ダイバーシティの失敗例から学ぶ

ダイバーシティ経営の効果を実感している組織がある一方、早くからダイバーシティに取り組んでいるのに、今ひとつ成果が見いだせずにいるところも多くあります。また、少し手をつけただけで、うまくいかないとあきらめてしまった組織、女性活躍の一環として採用数を増やしたり育児休暇制度の整備、託児所設置などを行った結果、次になにをしたらよいのかわからなくなった組織、バラバラに施策を行ったため目的が不明瞭になり迷走している組織など、ダイバーシティを活かし切れない組織の悩みは深いものがあります。筆者はこれまでに多くの組織のダイバーシティ推進を支援してきましたが、ダイバーシティがうまくいかないという企業には、次のような特徴があると考えています。

〈目的、対象が定まっていない〉

1. ダイバーシティ推進の目的が不明確である
「何のために行うのか」が明確でないために、単に数を増やしたり多様性を尊重することのみに終始し、目的や意義を見失ってしまう。

2. ビジネス上の成果と結びつけて考えていない
ダイバーシティを法令遵守やCSR、社員満足度の向上というレベルで考えており、成果につなげるという意識がない。そのため管理職のモチベーションが上がらない。

3. ダイバーシティは組織変革活動であるという認識がない
ダイバーシティは、既存の仕組みを見直したり新たな制度や仕組みを導入するだけでなく、人の意識やものの見方そのものを変えることが求められる。つまり組織変革活動であるが、その認識がないため、組織全体を巻き込むことができない。

4. ダイバーシティの対象や扱う次元をあいまいに理解している
ダイバーシティの次元は様々なレベルで存在しているが、その対象や次元を明確にしないままに進めると混乱する。目に見える違い（性別・年齢・国籍、障害の有無）のみに焦点を当てると、目に見えない違い（意見や主張、価値観等）を見落とすことになる。また、活躍の次元をバラバラにとらえていると、方向性を見失ったり偏りを生むことになる。

5．ダイバーシティを女性活躍推進のみに限定してとらえているダイバーシティを実現するための一つの手段である「女性活躍」が目的となってしまい、それ以上広がらない。

〈推進体制やプロセスがあいまいである〉

6．ＣＳＲや顧客のためだけに行い、表面上の取組みしかしない数字や制度など目に見える部分には力を入れるが、浸透・定着のための取組みを重視しない。社内向けの周知・啓発より社外向けの宣伝・広報に力を入れすぎて社員との間に温度差ができ、不信感やモチベーションダウンにつながっている。

7．事務局や専任部署に任せきりで、トップや経営層が無関心あるいはかかわりが薄いダイバーシティは組織変革であるため、全社的に進めなければ意味がない。トップの強力なスポンサーシップは不可欠だが、その言動が一致していないと社員の不信感が増し、活動が頓挫してしまう。

8．顧客や社員の客観的なデータや生の声を大事にしない

企業ごとにダイバーシティの課題は異なるため、おざなりな調査や一面的な見方で進めると進むべき方向を見誤る。現状把握や知識、情報の収集は不可欠である。

9．対象者の主体的な参加を嫌い、一方通行になりがちである

ダイバーシティは、個々の社員がいかに当事者意識、主体性をもつかが成功のカギを握る。一方的に施策を押しつけるのではなく、当事者の意見や行動を引き出すことが重要である。

〈成果や目標値、期限などのゴールイメージがない〉

10．数値目標を定めない、効果測定が不明、行動の変化に対する責任を現場に問わないなど、結果に対する責任をあいまいにしている

制度をつくること、施策を実施することばかりに注力し、評価や効果測定を

行わない、行っても主観的であったりあいまいな基準で済ませてしまう。また、責任者に結果責任を問わないので、優先順位が下がり実践されない。

11. 社内の抵抗や反発をおそれて、なかなか取り組めない

論理的一貫性と納得のいく説明がないと、不平・不満・不公平感が生じたり、やらされ感、押しつけられ感が生まれることがある。抵抗や反発をおそれ、入口でとどまってしまう。

12. ダイバーシティはプロセスであり、終わりのない旅だという認識がない

ダイバーシティは持続的に続けるプロセスであり、ここまでやれば終わりというものではない。だからこそ、マイルストーン（一里塚）のような目標設定が重要であり、その目標は定期的に見直していく必要がある。

ダイバーシティ経営が効果を発揮するためには、決して特別なことをする必要はありません。しっかりとしたビジョン（理念）とミッション（使命）をもって、適切な仕組み、制度を運用し、公正な評価、期待と育成、登用を進めるなど、当たり前のことを着実にかつ継続して取り組んでいくことが、成功への最短ルートでもあるのです。

うまくいかない、どうすればよいかわからないという企業は、まずはここで示したような状態に陥っていないか考えてみてください。「わからない」ことで思考停止状態となり自らの行動を制限している、ということはないでしょうか。このような視点で自社のダイバーシティ戦略を振り返ってみると、その戦略や方向性がずれていることに気づくかもしれません。

4・4　ダイバーシティは変革への起爆剤

ダイバーシティ経営は、これまでの延長線上に進んでいくものではありません。従来の枠にとらわれない高い目標を達成し、さらなる成長を目指すために行うものであり、本質的には組織変革と同義語です。ダイバーシティ経営が浸透した組織はそうでない組織に比べ、エネルギーと創造力がはるかに高まります。職場に多様な意見が飛び交い活気あふれる状態、それこそが組織を変えていく力となり、大きな成果を生み出す源泉なのです。

注意したいのは、ダイバーシティを日本企業の得意とする改善や改良というレベルでとらえると、その本質を見誤ることになるという点です。ダイバーシティを受け入れると、効率が悪くなるのではないかという意見があります。確かに一時的には効率が悪くなるかもしれません。しかし、最終的にダイバーシティが目指すのは、「効率」ではなく「効果」です。激変するビジネス環境の中で組織として成長し続けるためには、常に新たな価値を提供し続けることが不可欠であり、新たな価値は効率の中からは生まれません。

ダイバーシティ経営は、「できるか・できないか」ではなく、「やるか・やらないか」です。競争優位の源泉として積極的にダイバーシティを取り入れ、変革の起爆剤として活用するという積極的な意図をもって取り組むことが、ダイバーシティ経営を成功させるための必須条件なのです。

第5章　ダイバーシティを効果的に進めるために

5・1　ダイバーシティ推進の留意点

（1）ダイバーシティはどんな組織にも必要か

管理職向けにダイバーシティ研修をしていると、時折次のような質問があります。「ダイバーシティというのはどんな組織にも、どんなときにも必要なのでしょうか。ダイバーシティがないほうがうまくいく場合もあると思うのですが」。そこで、「それはどのような場合でしょうか」と尋ねると「製造の現場などは多様な人がいると、生産性が落ちたりミスが増えるのではないかと思います。特に緊急時にはかえって合意に時間がかかって判断が鈍りますし、スピードも遅くなってしまいます」という答えが返ってきます。その他にも、ダイバーシティ導入のデメリットとして次のような声がよく聞かれます。

〈ダイバーシティ導入のデメリット〉

- マネジメントが複雑になり手間がかかる
- 環境整備、トレーニングにコストがかかり、費用対効果が見えない
- 採用、処遇、評価など従来のやり方が通用しないため変更を余儀なくされる

- 権利ばかりを主張し、義務を果たさない社員が出てくる
- 既得権をもった一部の社員から反発の声が出る
- 同質の人達を集めた方が作業効率がよいのではないかという疑問の声が出る
- 公正、公平な評価と連動していないと、不公平感を訴える社員が増える
- 多様性を尊重しすぎて合意形成に時間がかかり、意思決定が遅くなる

あなたはどう思いますか。物事にはすべて両面あるように、ダイバーシティにも当然メリットとデメリットがあります。デメリットとして挙げられたことを一つひとつ見ていくと、制度が未整備だったり、知識や経験、スキル不足やお互いのコミュニケーション不足によるものも少なくありません。第1章で整理したように、ダイバーシティは、目に見える性別・年齢・国籍だけでなく、ものの見方やとらえ方、価値観、文化といった目に見えないレベルまで多岐にわたります。そのため、マネジメントが複雑になることは避けられません。「ダイバーシティがあるからうまくいかない」のではなく、「ダイバーシティを理解していないから、マネジメントできていないから現場が混乱してうまくいかない」のではないでしょうか。だからこそ「デメリットをどのように克服すれば

よいのか」という視点で考えることが重要なのです。すべての社員がダイバーシティを理解し尊重すること、組織が適切にダイバーシティ・マネジメントに取り組んでいくことが必要になってきます。

(2) ダイバーシティが活かされている組織の特徴は?

ダイバーシティが活かされている組織と、そうでない組織を比較してみると、表5・1に示すような特徴があります。活かされている組織のキーワードとしては、「柔軟、自由、オープン、公平、フラット、透明性、自律的」などが挙げられます。

多様な人材を活かし、その能力を発揮させるためには、一人ひとりが自分らしい形で仕事にかかわり、公平に機会を提供されることが重要です。これまでの組織は、多数派を中心とした明文化されていない仕組みや暗黙のルールがありました。例えば、A社では残業が当たり前の風土で就業時間後に会議が設定されていました。そのため、時間制約のある社員はその会議になかなか出席できません。結果として発言の機会と権利を奪われ、情報をリアルに共有することができませんでしたが、そのことはあまり問題にされていませんでした。

また、新入社員の指導役として10年目の先輩をつけているB社の例もあります。新入

表 5.1　ダイバーシティが活かされていない組織と活かされている組織

ダイバーシティが活かされていない組織	ダイバーシティが活かされている組織
①少数派の抱える問題は無視されたり排除されがちである	①少数派の抱える問題は，公平さを意識しながら丁寧に取り扱われる
②一方的な情報発信が多い	②情報は多面的に相互発信される
③少数意見は無視される	③少数意見は歓迎される
④想定内のありきたりのアイデアになりがちである	④奇抜だが新鮮なアイデアが出やすい
⑤反対意見は「否定された，攻撃された」と受け止められる傾向がある	⑤反対意見は「異なる意見」として歓迎される
⑥話し合いは議論中心で意見が多い	⑥話し合いは対話も頻繁にあり，質問が多い
⑦若手や女性，非正規社員など，少数派は意見を言いにくい，言えない雰囲気がある	⑦若手や女性，非正規社員も自由に自分の意見を言える
⑧明文化されない暗黙のルールがある	⑧ほとんどの場合，ルールは明文化されている
⑨仕組みが硬直化している	⑨仕組みは柔軟に変化する
⑩お互いを理解しようとせず不信感がある	⑩お互いを理解しようとしており信頼感が強い

社員に女性が増え、指導役の男性社員とのコミュニケーションに問題が生じていたにもかかわらず、指導役に推薦されるのは男性ばかりでした。経験や知識が同等の女性社員がいるなら女性が推薦されてもよいはずですが、話をよく聴いてみると、指導役は人材育成という貴重な経験を積む機会だから女性よりも男性を推薦しようという意識が上司の側に働いていたのです。このような無意識の行動が、女性やマイノリティの成長の機会を奪っていることにもう少し敏感になり注意を向ける必要があります。

多様な人々を活躍させる最も簡単な手段は、新たな役割を与えたり挑戦したりする機会を増やすことです。例えば、経営陣が出席する会議の司会や進行を女性や外国人に担当させる、若手や障害者を積極的に社外活動にかかわらせるなど、組織の中でその活躍の機会を積極的に生み出すだけでなく、その状況を見える化することが肝要です。少数派の人たちは、自分も貢献している、活躍の場があると認識でき、さらに意欲的に仕事に取り組むようになるでしょう。このように、組織の中で違いを排除するのではなく、違いを力として活かそうという意識を生み出すことが欠かせません。

ダイバーシティが活かされている組織か活かされていない組織か、さて、あなたの組織はどちらにあてはまるでしょうか。

5・2　多様性を受け入れ活かすポイント

繰り返しになりますが、ダイバーシティを推進することは、本質的には組織変革と同義です。だからこそ、単に研修を実施するとか制度を整備するなどといった小手先の施策ではうまくいかないのです。そこには、組織風土の改革をも含めた全体的な戦略が必要となります。

具体的なアプローチ方法を考える前に、押さえておくべき重要なポイントを改めて整理します。

（1）組織のビジョンや価値観による統合を目指す

これまでも述べたように「会社のビジョンや価値観に合わない人も受け入れるのか」、「多様性を受け入れるということはどんな相手でも好きにならないといけないのか」、「自分と相手は違うのだから話し合っても無駄。自分は自分、それぞれ勝手にやればいいではないか」といった声は、ダイバーシティを推進するときに必ず出てくる意見ですが、放っておくと、間違ったメッセージとして広まってしまいかねないので注意が必要です。

多様性を受容することは、自分の価値観を捨てて相手と同じになることでも、まして相手を好きになることでもありません。自分の価値観を大事にしつつ、相手の価値観も尊重することが受容であり、個々人の属性やニーズを共有したうえで、組織としてのビジョンや価値観を共有し、そこに向けて力を合わせるプロセスの中で相互理解と受容が促進されるのです。また、「バラバラでもいい、好き勝手にやればいい」という考え方は、ただそこに多様性があるだけという状態から生まれます。多様性を活かすということは、それぞれの違いを肯定的に受け止め、組織の目指すビジョンや価値観の統合に向けて話し合いを重ねていくということです。一方的な押しつけや指示命令ではなく、まずはお互いの話をじっくり聞き合う「対話」によって、「組織としての一体感」と「お互いに活かされている」という意識がもてるようになります。そして共通の目的に向けてお互いの違いを活かしながら切磋琢磨することで相乗効果が発揮されるのです。

2008年、米国に初の黒人大統領が誕生しました。バラク・オバマ氏の就任演説に感動した人は多いでしょう。ダイバーシティを推進する立場の筆者にとってオバマ大統領のこの演説は一生忘れられないものでした。

「私たちの多様性という遺産は、強みであり弱点ではない」

多様性を受容するプロセスで多くの犠牲を払ってきた米国だからこそ、この言葉には大きな重みがあります。また、別の演説でも、次の言葉には深く共感しました。「…(略)それは、基本的な信念──私は弟の保護者であり、妹の保護者であるという思い──であり、それがこの国を機能させているのです。それこそが可能にしているものなのです。われわれが個々人の夢を追求しながらもなお、ひとつのアメリカの家族として団結するということを。イー・プルーリバス・ユーナム*、すなわち『多数からひとつへ』です」[20]。

多様であるということは、バラバラであるということではありません。多様でありつつも一つの方向を目指して協力すること、それこそが私たちの未来をつくっていく力となるのでしょう。

(2) メンタルモデルを理解し、思考の柔軟性を高める

多様な相手を理解し受容しようとするとき、それを阻害する大きな要因の一つに、メンタルモデルがあります。メンタルモデルとは、「自分のもつ世界観」のことであり、起こった出来事をどのように認知し解釈しているか、その判断の基準となる自分のもの

＊ e pluribus unum とは、米国の成り立ちを象徴する言葉で、同国のモットーとして国璽（国家の表章として押す官印）や紙幣に印刷されている。

の見方や考え方のことをいいます。メンタルモデルは、過去の体験や学習を元に形成されており、経験が豊富になるほど蓄積される傾向があります。

ペンシルバニア大学教授で世界的なマーケティングの権威であるヨーラム・〝ジェリー〟・ウィンド氏は、「メンタルモデルは、行動や考え方を大きく左右する。どのようなメンタルモデルを採用するかで、法制度や社会、そして個人に深刻な影響が及ぶ。メンタルモデルの重要性を認識し、メンタルモデルがいかに限界あるいは好機を生み出しているかを理解しなければならない」としています[21]。

メンタルモデルそれ自体はよい・悪いというものではありませんが、時として古いメンタルモデルにとらわれていたり、思い込みや固定観念を強化したり、偏見や先入観につながることもあります。例えば「最近の若者は指示待ちだ」とか「女性は○○に向いていない」、「○○人は傲慢だ」などと、自分以外の特定の人々等について、一様に決めつけるような画一的なイメージをステレオタイプと呼びますが、メンタルモデルはこのようなステレオタイプを生み出すことにもつながるのです。ダイバーシティを推進する際に、先入観や固定観念にとらわれ、断定的な判断や推測で勝手に決めつけてしまうことは、ありのままを受容することを阻害してしまうことになります。メンタルモデルが個人を超えて組織の風土となってしまっている場合が最も手ごわいのです。例えば「失敗は許されない」とか「上には逆らえない」、「長時間働くことがよいことだ」といったメンタルモデルは、「失敗しないためにチャレンジしない」、「上司に意見を言っても仕方がない」、「制約のある社員は使えない」といった意識につながり、結果として風通しの悪い組織風土につながっていきます。

メンタルモデルを打破するカギは、気づきと思考の柔軟性にあります。そもそもメンタルモデルはあまりにも当事者の思考と結びついているために、自分自身で気づくことは困難です。また簡単には変えられないものでもあります。そのため、まずは、「相手を見る際、『自分は』固定観念やステレオタイプにとらわれていたり、自分の価値基準で判断していないだろうか」と自分がどのようなメンタルモデルをもっているかを客観的に見つめることが第一歩です。組織単位でも同様で、自分たちのグループとしてのとらわれに気づいたときに、ようやく別のやり方を選ぶことが可能となります。

ダイバーシティ推進に取り組む前提として、このようなメンタルモデルに目を向けることは非常に重要です。メンタルモデルに意識的になることで、多様な人材に対してすぐに否定したり排除したりせず、それぞれのよい面に目を向けながら柔軟に向き合うことが可能となるのです。

（3）コンフリクト（対立・衝突・葛藤）を効果的に取り扱う

ダイバーシティのもつエネルギーは、時に葛藤や対立を生み出し、関係性を悪化させたり混乱させたりすることにつながります。同調性が高く調和を重んじる日本では、和を乱すことや他と違うということに極端に敏感なところがあり、「コンフリクトをできるだけ起こさないように、また起きないように避けるべきだ」という考え方は組織の中に根強く残っているため、ダイバーシティへのアレルギーが強いとも言えます。

しかし、ダイバーシティは、まさにそのコンフリクト（対立、衝突や葛藤）こそを歓迎します。コンフリクトがあるからこそ、より質の高い成果や結果に結びつくと考えています。前出のゴーン氏は「多様性があるということは決して素晴らしいことばかりではありません。時には衝突や対立も起こるでしょう。しかし、その対立を乗り越えた先にこそ、新しい価値や創造があるのです。対立をおそれるのではなく、むしろ対立こそが組織を活性化し価値を生むと考える必要があります。大切なことは組織の中にヘルシーコンフリクト（健全な対立・衝突）をつくることであり、そのためにはコンフリクトマネジメントやコミュニケーションスキルの向上など、ダイバーシティをマネジメントするスキルの獲得が不可欠です」と述べています。

ダイバーシティを受容した組織では、コンフリクトを効果的に取り扱うと次のようなメリットがあると考えています。

- 馴れ合いではなく適度な緊張感により社員間の関係性が活性化する
- 率直に自分の意見を言うため、勝手な思い込みや疑心暗鬼に陥ることが減少する
- 集団思考から抜け出し、意思決定の質を高めることができる
- お互いの違いから多くの学びが生まれ、選択肢が広がる
- 対立を乗り越えた先に、大きな推進力が生まれる

非難の応酬や感情的な対立、分裂、先延ばしなど、コンフリクトのデメリットを最小限に押さえ、メリットを最大化するためには、コンフリクトマネジメントが不可欠です。

その前提となるのは、勝ち負けや正しい・正しくないという評価・判断をいったん保留することです。表面的な利害の対立にばかりとらわれずに、その下にあるお互いの信念や価値観、メンタルモデルに焦点を当て、注意深く聞き合います。そして相手をよく理解し適切なコミュニケーションをとりながら、それぞれの利益やニーズを満たすために創造的に問題を解決していきます。ダイバーシティを真に活かした、健全で強固な組

織にするためには、すべての社員がコンフリクトをおそれず、かつそれを効果的に扱えるようにすることは必須条件でしょう。

5・3　ダイバーシティ実践の五つのアプローチ

ダイバーシティ推進施策を策定するにあたっては、次の五つのアプローチを必ず押さえておく必要があります。それぞれの要素は有機的につながっており、どれか一つでも不足するとその推進は困難なものとなるでしょう。制度や仕組みづくり、研修などの目に見えやすい施策に飛びつく前にしっかりと押さえていただきたいポイントです。

（1）トップの信念を継続的にメッセージとして伝える

ダイバーシティが組織に浸透・定着するカギは、経営トップの強力なコミットメントにあります。筆者の長年の経験から見ても、トップの関与なくしてはダイバーシティ実践の効果は半減すると断言できます。ダイバーシティは重要な経営課題であり、多様性こそが社員個々人の成長、組織の活性化につながるというメッセージを社内外に継続的に発していくことが強く求められます。そのため、あまり熱心でないトップのもとでダイバーシティを推進する場合には、いかにトップを動かすかが重要な足がかりとなります。最も効果的なのは、経営上の利害と一致する言葉で語っていくことです。ダイバーシティと経営理念との整合性を示しながら、他社のベストプラクティスや社内の成功事例など、ダイバーシティがいかに経営課題として重要であるかを粘り強く伝えていきましょう。

(2) ダイバーシティを前提とした制度や仕組みづくりを進める

多様な人々を活かすという視点で、現行の人事制度やマネジメントの仕組みを見直すと、いくつかの問題点が浮き彫りになります。代表的なところでは、配置や仕事の割り当て、登用などの不平等が考えられます。また、社内にある暗黙の慣行やルール、非公式のネットワークから少数派の人達が排除されることで、情報量の差や人的ネットワークが築きにくいといった問題もあります。このような点を是正するためには、暗黙知を形式知化するような取組みや、評価制度の再確認、配置、登用、仕事の割り当てなどを合理的な観点から見直すといった対応が必要です。多様な意見を引き出す仕組みや制度の検討にあたっては、年功序列的な制度の見直しや従来の会議の進め方、話し合いの仕方を見直すことも大切でしょう。

（3）管理職のダイバーシティ・マネジメント力を高める

実際に多様な人材が働く職場でマネジメントを司る管理職は、ダイバーシティを円滑に運用していくうえでの大きな要となります。管理職には、メンバー一人ひとりの特性やライフスタイル、その時々のニーズや状況を把握しながら、チームとしてどのように成果を出していけばよいかを考えることが求められます。これまでのような一律のマネジメントスタイルはもはや通用しません。管理職が当事者意識をもって自組織の変革に取り組まなければ、ダイバーシティを組織全体に浸透させることは不可能です。まず、意識変革やコミュニケーション、ファシリテーション、コンフリクトマネジメントなどの多様性をマネジメントするマインドとスキルを身につけるよう、管理職のトレーニングを行う必要があります。

（4）組織内のコミュニケーションスキル・マインドを促進する

ダイバーシティ推進の過程では、その取り組み方によっては、社員の中には逆差別だという意識や不公平感を抱く人が出てきたり、少数派の中にも本来の趣旨を理解せずに、権利ばかりを主張する人も現れる場合があります。このような不公平感や社員間のギャップを埋めるポイントは「対話」を中心としたコミュニケーションの促進にあります。当事者がかかわらない施策づくりや一方的な情報提供では社員からの共感は得られません。推進のプロセスをできるだけオープンにし、様々な場面で双方向の対話を増やしていくことが重要です。受容マインドを醸成しながら、お互いの主張に耳を傾け話し合うことで、誤解や心理的な抵抗感が払拭され、これまで気づかなかったお互いの立場や考えを理解することが可能となります。そしてその先に組織としてのテーマやゴールの共有が実現可能となるのです。

（５）個々人の自律的なキャリア形成意識を醸成する

ここまで、組織の制度や仕組み、管理職などの側からダイバーシティをどうマネジメントするかという視点で書いてきましたが、これらの大前提として忘れてはならないのは、個々人もまた、自らのキャリアを構築していくのは自分自身であるという意識をもつ必要があるということです。一般的に、組織内の少数派はキャリア開発において多数派と比べると様々な面で差がつく傾向があります。例えば、目指すべきロールモデルがいないとか、上司からの期待や評価に差があるなど、少数派特有の悩みは他の社員に比べて多いのです。この点から、ダイバーシティにおいては特にキャリア開発への支援を重視しています。また、こうした支援を実効性あるものとするためには、一人ひとりが自分のキャリア形成を自律的に考え、積極的にそれらの機会を活かしていくことが求められます。

組織におけるダイバーシティ推進は、組織の置かれた環境や現時点で組織がダイバーシティ浸透においてどのステージ（抵抗・同化・分離・統合、p. 32、図1・5参照）にいるかによってその対応が異なります。それぞれの組織の状態に合った施策を総合的に検討し、戦略的に進める必要があります。

5・4　あきらめの壁を越えて進もう

本書では、日本の企業経営におけるダイバーシティの意義と効果、さらにその留意点について述べてきました。ダイバーシティ浸透において、真

に目指すべきは第１章の図１・５に示した第４のステージ「統合」です。ダイバーシティ推進にはいくつもの留意点があるうえ、その効果もすぐに現れるものではありません。他にも取り組まなければならない課題は山積しています。ともすると、私たちはいくつもの壁につきあたって、立ち止まったり後退したり、時にはあきらめてしまうことがあります。

コンサルティング会社プラウトフットジャパン代表取締役の長谷川喜一郎氏は、スタンフォード大学のチャールズ・オライリー氏、ジェフリー・フェファー氏の著書「隠れた人材価値」の解説で、自社が大事にしている価値観には、組織の中に潜む成功を阻む五つの壁［認識の壁、行動の壁、知識及びトレーニングの壁、システム（仕組み）の壁、あきらめの壁］を低くすることが組み込まれているとしています[22]。筆者自身の経験を踏まえても、まさにこの五つの壁こそが、ダイバーシティ推進を阻んでいると言えます。この五つの壁を参考に、改めて阻害要因を考えると、次のようなことが見えてきました。

１．認識の壁：今までのやり方に固執する

自分の見たいものだけを見て、聞きたいものだけを聞き、自分のメンタルモデルで評価・判断してしまう。自分が何をすべきか、どんな役割を果たすべきかを忘れてしまう。

2. 行動の壁：総論賛成各論反対
過去の失敗体験の呪縛を受け、積極的な変化や改善を提案することに臆病になってしまう。できない理由を並べ、できる行動に焦点を当てない。

3. 知識の壁：知らないことが行動を阻害する
知識の共有や交換が行われず、何をやればよいか組織として学ばない

4. 仕組みの壁：ルールがない、あっても適切でない
ルールが存在しなかったり、明文化されていない暗黙のルールが立ちはだかっている。

5. 態度の壁：どうせ自分一人ががんばっても変わらない
右記の四つの壁が、個人・組織の中にあきらめを生んでいく。

過去から現在まで強固に築かれてきたこの壁を壊すことは容易ではありません。まずは、私たち一人ひとりの中にこのような壁があることを認識し、少しでもその壁を低くすることが重要でしょう。

企業や組織の環境が劇的に変化する中、ダイバーシティを人材開発や価値創造のための必須事項と位置づけ、経営課題として取り組むことで大きな効果が見込まれます。今や多くの組織にとってダイバーシティは解決すべき問題ではなく、活かされるべき強みであり、競争優位の源泉なのです。

ぜひ皆さんの企業でもダイバーシティ経営を実践し、その効果、成果を組織と個人の成長・発展につなげてください。

ダイバーシティの具体的な導入方法やトレーニング内容は、本書の続刊となる「多様性を活かすダイバーシティ経営―実践編」で詳しく述べることとします。

【引用・参考文献】

［1］ 日経連ダイバーシティ・ワークルール研究会（2002）：原点回帰―ダイバーシティマネジメントの方向性―，p.21
［2］ 馬越恵美子（2011）：ダイバーシティ・マネジメントと異文化経営，p.166-167，p.199-200 ほか，新評論
［3］ 谷口真美（2005）：ダイバーシティ・マネジメント―多様性をいかす組織，白桃書房
［4］ 日本経済団体連合会（2010）：企業行動憲章（第 6 版），p.30
［5］ リクルート HC ソリューショングループ（2008）：実践ダイバーシティマネジメント―何をめざし，何をすべきか，英治出版
［6］ 日経ウーマンオンライン HP：http://wol.nikkeibp.co.jp/article/info/20130321/148601
［7］ 船戸孝重，徳山求大，リクルートコミュニケーションエンジニアリング（2009）：折れない新人の育て方（自分で動ける人材をつくる），ダイヤモンド社
［8］ 花田光世（1988）：グローバル戦略を支える人事システムの展開法（下），ダイヤモンド・ハーバード・ビジネス 13(5)
［9］ 船川淳志（2003）：人気 MBA 講師が教えるグローバルマネジャー読本，p.17，p.41，p.43，日本経済新聞社
［10］ みずほ総合研究所（2013）：『日本企業のグローバル展開と人材マネジメント』調査結果報告，p.43
［11］ Milton J. Bennett（1998）：Basic Concepts of Intercultural Communications: Selected Readings
［12］ 今野浩一郎（2012）：正社員消滅時代の人事改革―制約社員を戦力化する仕組みづくり，日本経済新聞出版社

[13] 大久保幸夫（2006）：正社員時代の終焉―多様な働き手のマネジメント手法を求めて，日経 BP 社
[14] 大久保幸夫（2009）：日本の雇用―ほんとうは何が問題なのか，講談社
[15] マーサー・ジャパン（2008）：個を活かすダイバーシティ戦略，ファーストプレス
[16] デヴィッド・スターク著，中野勉・中野真澄訳（2011）：多様性とイノベーション―価値体系のマネジメントと組織のネットワーク・ダイナミズム，日本経済新聞出版社
[17] DIAMOND ハーバード・ビジネス・レビュー 2008年6月号，ダイヤモンド社
[18] 経済産業省編（2012）：ダイバーシティと女性活躍の推進―グローバル化時代の人材戦略，経済産業調査会
[19] マイケル・シルバースタイン，ケイト・セイヤー著，津坂美樹・森健太郎監訳，石原薫訳（2009）：ウーマン・エコノミー―世界の消費は女性が支配する，ダイヤモンド社
[20] CNN English Express 編（2008）：[対訳] オバマ演説集，p.43，朝日出版社
[21] ヨーラム“ジェリー”ウィンド，コリン・クルック，ロバート・ガンサー著，高遠裕子訳（2006）：インポッシブル・シンキング　最新脳科学が教える固定観念を打ち砕く技法，日経 BP 社
[22] チャールズ・オライリー，ジェファリー・フェファー著，長谷川喜一郎監修・解説，広田里子・有賀裕子訳（2002）：隠れた人材価値―高業績を続ける組織の秘密，翔泳社
[23] 船川淳志（2001）：多文化時代のグローバル経営―トラ

ンスカルチュラル・マネジメント，ピアソンエデュケーション
[24] 有村貞則（2007）：ダイバーシティ・マネジメントの研究―在米日系企業と在日米国企業の実態調査を通して，文眞堂
[25] 牛尾奈緒美・石川公彦・志村光太郎（2011）：ラーニング・リーダーシップ入門―ダイバーシティで人と組織を伸ばす，日本経済新聞出版社
[26] 一般財団法人企業研究会（2006）：多様な人材がいきいきと活躍できる企業づくりを目指して　ダイバーシティ・マネジメントとワークライフバランス推進の実際
[27] 一般社団法人日本在外企業協会：月刊グローバル経営，2012年5月号，同12月号
[28] Edward E. Hubbard（2011）：The Diversity Scorecard（Improving Human Performance），Routledge
[29] 海老原嗣生（2011）：もっと本気で、グローバル経営―海外進出の正しいステップ，東洋経済新報社
[30] Catalyst著，神立景子訳（1999）：女性に開かれた雇用モデル―米国トップ企業のベスト・プラクティス，ピアソンエデュケーション
[31] 北川達夫（2010）：不都合な相手と話す技術―フィンランド式「対話力」入門，東洋経済新報社
[32] K. Iwata：The Power of Diversity，K. Iwata Associates, Inc.
[33] 玄幡真美（2010）：日本の雇用年齢差別，勁草書房
[34] 日本生産性本部ワークライフ部ダイバーシティ推進室（2012）：女性人材の活躍〈2012〉女性コア人材の育成の現状と課題―第3回コア人材としての女性社員育成

に関する調査結果，日本生産性本部生産性労働情報センター
[35] サニー・S. ハンセン著，平木典子・今野能志・平和俊・横山哲夫・乙須敏紀訳（2013）：キャリア開発と統合的ライフ・プランニング―不確実な今を生きる6つの重要課題，福原出版
[36] 杉田あけみ（2006）：ダイバーシティ・マネジメントの観点からみた企業におけるジェンダー，学文社
[37] 中野麻美（2006）：労働ダンピング―雇用の多様化の果てに，岩波書店
[38] 日本経団連出版（2008）：働きがいのある職場づくり事例集―社員満足度を高める11社の仕組み，日本経団連出版
[39] 古市憲寿（2011）：絶望の国の幸福な若者たち，講談社
[40] 文春新書編集部（2008）：論争　若者論，文藝春秋
[41] 森田ゆり（2009）：ダイバーシティ・トレーニング・ブック　多様性研修のてびき，解放出版社
[42] 森田ゆり（2000）：多様性トレーニング・ガイド―人権啓発型参加学習の理論と実践，部落解放人権研究所
[43] 山口一男（2008）：ダイバーシティ，東洋経済新報社
[44] 早稲田ビジネススクール・レビュー　第9号（2009）："異質な人材を活かせ　ダイバーシティの潮流と現実"，日経BP社

著者紹介
荒金　雅子
(Masako Arakane)

略　歴

都市計画コンサルタント会社，NPO 法人理事，会社経営等を経て，2006 年に株式会社クオリアを設立し代表取締役に就任．

1995 年，北京で開催された国連「第 4 回世界女性会議」に参加し，「女性の再就職」をテーマにワークショップを実施．1996 年米国訪問時には，多様な人材を組織の成長に活かすダイバーシティのコンセプトと出会い，強く影響を受ける．以降，長年にわたり女性の能力開発，キャリア開発，リーダーシップ開発などの研修・コンサルティングを実践，一貫して組織のダイバーシティ推進やワークライフバランスの実現に力を注いでいる．

現在も組織開発の研究を続け，ダイバーシティ推進を効果的に進めるために「学習する組織」，「U 理論」，「アクションラーニング」，「ファシリテーション」などを取り入れたプログラムを開発し，数多くの企業で成果を出している．

●株式会社クオリア　URL：http://www.qualia.vc
E-mail：info@qualia.vc

著書・執筆

「ワークライフバランス・レッスンノート　マインド編」(株式会社クオリア)
「ワークライフバランス入門」(ミネルヴァ書房) 共著
「なぜあの人は『イキイキ』としているのか」(プレジデント社) 共著
「地域リーダー力～女性リーダーの育ち方・育て方」(パド・ウィメンズ・オフィス) 共著
「できる人の会議に出る技術」(日本能率協会マネジメントセンター) 共著
「労政時報」，企業社内報コラム執筆　他多数

活　動

経営行動科学学会会員／日本キャリアデザイン学会会員／元関西学院大学非常勤講師／日本アクションラーニング協会認定　シニア AL コーチ／ IAF (インターナショナルファシリテーターズ) 協会会員／NPO 法人日本ファシリテーション協会会員／ MPF 社グローバルマインド養成トレーナー／雇用能力開発機構「キャリアコンサルタント養成講座」第 2 期　修了

イラスト　おの　ようこ

多様性を活かすダイバーシティ経営
—基礎編

定価：本体 1,300 円(税別)

2013 年 9 月 5 日　第 1 版第 1 刷発行
2016 年 12 月 27 日　　　第 7 刷発行

著　　者　荒金　雅子
発 行 者　揖斐　敏夫
発 行 所　一般財団法人 日本規格協会
〒 108–0073　東京都港区三田 3 丁目13–12 三田MTビル
http://www.jsa.or.jp/
振替　00160–2–195146
印 刷 所　日本ハイコム株式会社
製　　作　株式会社大知

ISBN978-4-542-70170-0